Event-Marketing: Trends und Entwicklungen

Reihe Messe-, Kongress- und Eventmanagement

Stefan Luppold (Hrsg.)

Stefan Luppold (Hrsg.)

Event-Marketing:
Trends und Entwicklungen

Verlag Wissenschaft & Praxis

Bibliografische Information der Deutschen Nationalbibliothek
Die Deutsche Nationalbibliothek verzeichnet diese Publikation in
der Deutschen Nationalbibliografie; detaillierte bibliografische Daten
sind im Internet über http://dnb.d-nb.de abrufbar.

ISBN 978-3-89673-589-8

© Verlag Wissenschaft & Praxis
Dr. Brauner GmbH 2011
Nußbaumweg 6, D-75447 Sternenfels
Tel. +49 7045 93 00 93   Fax +49 7045 93 00 94
verlagwp@t-online.de   www.verlagwp.de
Druck und Bindung: Esser Druck GmbH, Bretten

Alle Rechte vorbehalten

Das Werk einschließlich aller seiner Teile ist urheberrechtlich geschützt. Jede Verwertung außerhalb der engen Grenzen des Urheberrechtsgesetzes ist ohne Zustimmung des Verlages unzulässig und strafbar. Das gilt insbesondere für Vervielfältigungen, Übersetzungen, Mikroverfilmungen und die Einspeicherung und Verarbeitung in elektronischen Systemen.

Vorwort des Herausgebers

In der Reihe „Messe-, Kongress- und Eventmanagement" wird zum ersten Mal ein Sammelband vorgestellt. Wie könnte man Trends und Entwicklungen im Event-Marketing aufzeigen, wenn nicht durch die zusammengefasste Kompetenz mehrere Autoren!

Als Vorsitzender einer Konferenz hatte ich 2010 das Vergnügen, facettenreich ausgewählte Vorträge von Experten aus Wirtschaftsunternehmen, Agenturen und Hochschulen zu begleiten. Mehr als deutlich wurde dabei, dass die verschiedenen Perspektiven, die unterschiedlichen Erfahrungshorizonte und die jeweiligen Schwerpunkte in ihrer Kombination ein großes Ganzes ergaben. Was dafür sprach, dies auch für dieses Fachbuch aufzugreifen.

Matthias Horx (www.horx.com), der diesen Sammelband mit einem Vorwort begleitet, liefert uns seit Jahren Beschreibungen möglicher Entwicklungspfade, die in unsere Zukunft führen. Dabei kombiniert er Fakten und Erkenntnisse, weist aber immer darauf hin, dass wir selbst es sind, die am Ende das „Ist" schaffen – unabhängig von der Vorschau auf ein mögliches „Wird".

Damit verbinde ich den Wunsch auf Inspiration und Interpretation: Die 16 Beiträge können als Anregung dienen, um Event-Schaffende bei der Suche nach den Veranstaltungs-Formaten der Zukunft zu unterstützen. Nicht als Kochbuch mit konkreten Rezepten, die dupliziert werden sollen, sondern als eine Grundlage für die eigene Auslegung und Anwendung.

Allen Autoren möchte ich herzlich für ihre Beiträge danken. Sie legen damit einen Teil ihres Wissens offen – die Voraussetzung, um neues zu schaffen. Für die Unterstützung bei der Auswahl der Themen und Autoren sowie der Übernahme des Lektorats danke ich Evi Hartmann. Dem Verlag „Wissenschaft & Praxis" danke ich für die konstruktive wie kreative Zusammenarbeit, die ich als Herausgeber auch bei diesem nun vierten Band der Reihe „Messe-, Kongress- und Eventmanagement" erfahren durfte.

Prof. Stefan Luppold
IMKEM (Institut für Messe-, Kongress- und Eventmanagement)

Vorwort

Die globale Wirtschafts- und Finanzkrise hat dem Event-Marketing ohne Zweifel eine Delle verpasst. Aber wie immer sind Krisen auch heilsam. Sinkende Umsätze können in einer kreativen Branche zu einer Weiterentwicklung führen. In der Messe-, Kongress- und Eventwirtschaft trennt sich nun die Spreu vom Weizen, das Kreative vom Langweiligen, das Nützliche vom Überflüssigen.

In meinem 2009 erschienen Buch „Anleitung zum Zukunftsoptimismus – Warum die Welt nicht schlechter wird" habe ich mit dem Kapitel „Future Mind" ein Plädoyer für einen evolutionären Optimismus gehalten. Ein solches Bewusstsein nimmt Krisen zum Anlass, die eigenen Positionen und Gewissheiten zu überdenken – um danach gestärkt in die Zukunft zu starten.

Event-Experten aus Wirtschaft, Forschung und Lehre haben sich in diesem Fachbuch mit Themen auseinandergesetzt, die das Event-Marketing bewegen. Die Beiträge bieten in ihrer Summe ein Stimmungsbild, stellen einen Extrakt eingetretener oder erwarteter Veränderungen dar, bieten Anregungen für das eigene Handeln.

Zukunftsgewissheit kann niemals auf reinem Bewahren basieren. Zukunft-Fit werden wir vor allem, wenn wir unsere Sicht-Perspektiven ändern. So waren zum Beispiel die Weiten des Web bislang für die Jungen, Schnellen reserviert. Aber das ändert sich: Die Generation jenseits der 50 gehört inzwischen zu den Netzwerk affinsten Gruppen. Die „Silver Surfer" nehmen den Facebook-Kids das Mauspad und den Ipod aus der Hand. Jüngstes Beispiel für Erfolg ist die CeBIT 2011, die nach Jahren des Niedergangs wieder wächst – die Messe-Macher haben ganz offensichtlich den Trend des „Downaging" erkannt, wie wir in der Trendforschung das Jüngerwerden beim Ältersein nennen.

Wer sich, wie die Autoren dieses Fachbuches, mit aktuellen und in die Zukunft gerichteten Fragestellungen beschäftigt, kann Wandel nicht nur begleiten, sondern auch mit gestalten. Und den Märkten von Morgen vorbereitet begegnen.

Matthias Horx
Zukunftsinstitut

Inhalt

1 Keytrends und Entwicklungen im Event-Marketing 9
   Von Prof. Stefan Luppold, IMKEM

2 Live plus virtual
   Die Evolution der Live Communication im Digitalzeitalter 19
   Von Dagobert Hartmann, Uniplan

3 R.I.P. Events – Ein „Fast"-Nachruf
   Oder: Tote leben länger 29
   Von Joachim Kortlepel und Lutz Nebelin,
   Jung von Matt/relations

4 Globale Live Communication: Herausforderungen und
   Chancen kultureller Konfrontation 43
   Von Günter Baumgartner, Siemens AG

5 Erfolgsfaktor Emotion – Überzeugung durch Begeisterung 53
   Von Theodoros Reumschüssel, E.ON Energie AG

6 Kreativität statt Kohle – Querdenken ist angesagt 61
   Von Nils Haupt und Carolin Biebrach, Lufthansa Cargo AG

7 Wie finde ich die passende Agentur? 71
   Von Oliver Klein, cherrypicker

8 Es könnte so einfach sein... isses aber nicht!
   Dauer-Pitch oder langfristige Kooperation 83
   Von Ralf Specht, McCann momentum

9 Erfolgsformel für Kick-off-Events:
   Mitarbeiter verstehen, motivieren und für sich gewinnen 89
   Von Andreas Grunszky, BEEFTEA GROUP

10 Überzeugung durch Fiktion
 – eine neue Dimension der Inszenierung 97
 Von Axel Siebenkittel, atkon AG

11 Heidi Klum goes Hamlet – Storytelling und Dramatisierung 105
 Von Christoph Kirst, insglück

12 Hybrid Events 111
 Von Colja M. Dams, VOK DAMS

13 Eventagentur 2.0 – the next generation
 Wie Social Media die Kommunikationsanforderungen
 an Kunden und Agenturen verändert 117
 Von Peter Cramer, Panem et Circenses

14 Wie sag ich's dem Autopilot?
 –(Be)Lohnende Inszenierung von Events 127
 Von Dr. Björn Held, decode Marketingberatung

15 Die sieben Gesetze für erfolgreiche Markeninszenierung
 im Raum 139
 Von Holger Pütting, NEST one GmbH

16 „balancity" – der Deutsche Pavillon auf der EXPO
 in Shanghai 2010
 – Die Qualität des Erlebnisses ist entscheidend 151
 Von Peter Redlin, Milla & Partner

1 Keytrends und Entwicklungen im Event-Marketing

Von Prof. Stefan Luppold, IMKEM

Stefan Luppold wurde 2006 als Professor an die heutige Karlshochschule International University berufen. Er leitet dort den Studiengang MEEC (Meeting, Exposition, Event and Convention Management). Als Mitglied von Branchenverbänden engagiert er sich unter anderem bei MPI und dem EVVC. Er ist außerdem Mitglied im wissenschaftlichen Beirat der DeGefest (Verband der Kongress- und Seminarwirtschaft) und seit 2007 Visiting Professor an Hochschulen in China. Im Jahr 2009 gründete er das Institut für Messe-, Kongress- und Eventmanagement (IMKEM), das eine Verbindung zwischen Forschung, Lehre und Praxis in der Veranstaltungswirtschaft bildet.

Erwartungen und Vermutungen

Wenn sich die MICE-Branche, mit besonderer Fokussierung auf Event-Marketing, mit Trends beschäftigt, dann sind das in chronologischer Reihenfolge immer zunächst die aktuellen, gefolgt von den zukünftigen.

Die aktuellen können wir wahrnehmen, sie begegnen uns im täglichen Geschäft, sie beeinflussen den Erfolg unserer Arbeit als Verstärker oder, für die ewig Gestrigen, als Killer: Wer sein Portfolio nicht auf den Markt – und der ist Spielmasse der Trends – ausrichtet, wird ihn früher oder später verlassen müssen.

Wir sind bestrebt die zukünftigen Trends zu identifizieren, um vorbereitet zu sein. Leistungskomponenten, die morgen benötigt werden, müssen konzipiert, konstruiert und positioniert werden; sich wandelnde Märkte hinsichtlich ihrer Bedürfnisse, Präferenzen, Budgets und Kenntnisse analysiert, beurteilt, eingeschätzt und entwickelt werden.

Das Erkennen von Trends schafft die Chance, Veränderungen zu nutzen. Es ist mehr als der Blick in die Kristallkugel oder das Lesen im Kaffeesatz, aber eben auch eine Situation des Umgangs mit Erwartungen und Vermutungen. Wahrheit folgt mit 100%iger Sicherheit, diese abzuwarten bedeutet aber den Umgang mit der Vergangenheit zu pflegen.

Wenn wir von Zukunft sprechen, dann schätzen wir eine Entwicklung ein, ohne jedoch exakt zu wissen, wann und mit welcher Intensität sie uns begegnen wird. Dennoch: auf der Grundlage des Verstehens unseres „Heute" können wir ein Gedankenkonstrukt vom „Morgen" entwerfen. Das empfahl Matthias Horx bereits 1993 in dem ersten großen deutschen Trendreport (Horx 1993, S. 7).

Auch in klassischen Management-Tools steckt bereits die Berücksichtigung von Trends oder die Einschätzung von Veränderungen. Die PESTEL-Analyse als strategische Methode betrachtet politische, wirtschaftliche, sozio-kulturelle, technologische, ökologische und rechtliche Faktoren. Alle werden – mehr oder weniger stark – durch eine Abschätzung der zu erwartenden Veränderungen in ihrer Aussage bestimmt; nur so kann die Analyse wertige Informationen über Märkte oder Marktchancen liefern.

Ausgewählte Trends, die wir aktuell wahrnehmen und deren Wirkung sich im Verlauf der nächsten Monate und Jahre vermutlich verstärken wird, werden in diesem Beitrag vorgestellt. Ob es sich um Mega-Trends mit großem Effekt oder um Meta-Trends mit dauerhafter Veränderung handelt, wird sich zeigen. Die Zusammenstellung soll zu Kreativität anregen, das eigene Schaffen mit Strömungen und Entwicklungen abgleichen und gegebenenfalls auch Neues erzeugen, abgeleitet aus dem Blick in die Zukunft. Und dies auf der Grundlage eines skeptischen Optimismus – Zukunft ist nicht determiniert, sondern ein Produkt der Handlungen vieler, die wiederum aus den Perzeptionen der Wirklichkeit entstehen (Horx 2007).

Web X.0

Der Soziologe und Luhmann-Schüler Dirk Baecker spricht von Überforderung, seit wir weltweit in Lichtgeschwindigkeit miteinander kommunizieren können. Es fehle das Wissen, woher wir Zeit und Raum bekommen können, um diesen Zustand auf ein menschliches Maß zu reduzieren. Er bleibt aber zuversichtlich, schließlich habe die Menschheit bereits drei Überforderungen von ähnlichem Ausmaß mit erstaunlichem Erfolg überstanden – die Einführungen der Sprache, der Schrift und des Buchdrucks (Baecker 2010).

1 Keytrends und Entwicklungen im Event-Marketing

Tatsache ist, dass wir einer wachsenden digitalen Infrastruktur gegenüber stehen, die neben der Funktion als Statussymbol auch eine zunehmende Intensität der Nutzung aufweist. Im Juli 2010, so berichtet das Wirtschaftsmagazin „brand eins", betrug die Zahl der Facebook-Accounts in Deutschland 9.968.300 (Riegel 2011).

Wir kennen den Umgang mit Web 2.0, Social Media Plattformen und Twitter-Walls bereits. Augmented Reality ist am Start und begegnet uns im Spielwarengeschäft als Attraktion für das jüngere Publikum, während Messebesucher mit ihren Smartphones an Messeständen durch virtuelle Interaktion zum Verbleib motiviert werden – erweiterte Wirklichkeit und mobiles Marketing im Zeitalter des Web 2.0 (Bernard/Luppold 2010).

Baecker und seine Aussage über das Fehlen von Zeit und Raum für den human-affinen Umgang lehrt uns zurückzukehren zu einer integrierten Kommunikationspolitik, in der die Tools des Web X.0 ihren Platz finden. Also weg von singulären Einzel-Aktionen im Event-Marketing und hin zu einer nachhaltigen und ganzheitlichen (Unternehmens-)Kommunikation.

Als Aufgabe wird uns, im Zusammenspiel traditioneller und digital-virtueller Kommunikation, die sinnvolle Integration gestellt; nicht alleine die Nutzung um der Nutzung willen, sondern die Erzeugung eines Mehrwertes ist das Ziel. Wir sprechen hier unter anderem von hybriden Events, in denen alle Möglichkeiten der Kombination von Information und Kommunikation mit möglichst hohem Synergieeffekt zusammengeführt werden.

Hybride Events lassen uns – nehmen wir dies als einen Trend auf – in drei Feldern denken:

Zunächst Web X.0 als Mittel zur vor- und nachbereitenden Kommunikation von Marketing-Events. Das sind die Ankündigungen von Veranstaltungen mit Teilnehmerlisten via XING, die Social Communities, die nach Events ihr persönliches Treffen auf Facebook fortsetzen oder Twitter-Feeds, die nach der Anmeldung zu einer Veranstaltung über „Neues" und „Aktuelles" berichten.

Dann die Chance der Duplizierung von Events – virtuell folgt real. Eine Veranstaltung, die als Live-Kommunikations-Maßnahme stattfindet, wird im Web nachgebildet und entweder zeitgleich oder zu einem späteren Zeitpunkt auch virtuell zugänglich gemacht. Nicht als Konserve mit Download-Center, sondern als Event-Portal mit Live-Charakter (etwa durch Chat-Möglichkeiten mit den Referenten, die bei der Live-Veranstaltung auch anwesend waren). So können Menschen, denen auf Grund von räumlicher Distanz oder zeitlicher Probleme eine Teilnahme am eigentlichen Event nicht möglich ist, mit eingebunden werden. Nicht eine Renaissance von „Second Life" ist das Ziel, sondern eine Fusion, die von einem wirklichen Event ausgeht.

Schließlich ist Hybridität in Reinform dann gegeben, wenn die Gesamtdramaturgie einer Veranstaltung Web X.0 Elemente mit aufnimmt und als Teil des Live-Events inszeniert. Twitter-Walls und Swarm Technologie sind sicher nur der Anfang von mehr. Die Flexibilität während der Veranstaltung lässt sich erhöhen, Denkleistung und Kreativität der Teilnehmer werden Element des Ereignisses, die Nachhaltigkeit (Involvement, Interaktion, Emotionalisierung) wächst.

Hybridität im Event-Marketing als ein neues Ganzes, das durch die zielgerichtete Vermischung zweier vorher getrennter Systeme entsteht (Pinter 2010). Mit Ausprägungen verschiedenster Art, etwa als Mobile Marketing im Messemarketing der Aussteller (Bernard/Luppold 2010).

Live-Kommunikation

Die Befürchtung, das neue digitale Zeitalter würde die persönliche Begegnung zu einer reinen Ausnahmeerscheinung mutieren lassen, ist nicht eingetreten. Obwohl wir, beispielsweise durch Social Media Plattformen wie Facebook oder virtuelle Business Networks wie XING, miteinander verbunden sind: der Wunsch nach Live-Kommunikation nimmt zu.

Rund 30 % der Internet-Nutzer gehen davon aus, dass ihnen persönliche Gespräche in Zukunft wichtiger werden (Riegel 2011). Und das bestätigen letztlich auch die Erfahrungen, die wir bereits vor rund zwei Jahrzehnten machen konnten, als Computerarbeitsplätze zu Hause eingerichtet wurden; diese sogenannten SOHOs (Small Office Home Office) generierten mehr Produktivität, führten gleichzeitig zu einer sozialen Vereinsamung der Mitarbeiter und einer generellen Verunsicherung über den eigenen Status im Unternehmen.

Diese Verunsicherung ist auch heute noch einer der Treiber für persönliche Kommunikation; in der Begegnung liegt der Schlüssel für Vertrauen, Anteilnahme, Empfinden, Bindung. Eine freiwillige Bindung von Kunden kann ausschließlich über psychologische Bindung erfolgen und erzeugt persönliche Beziehungen und Kundenzufriedenheit (Adam/Luppold 2011, S. 31).

Dies bleibt somit eine der wesentlichen Aufgaben des „analogen" Event-Marketing. Der Bedeutungszuwachs ergibt sich aus der fortschreitenden virtuellen Kommunikation, der den Wert wirklicher Begegnungen weiter steigen lässt. Im Übrigen zeigt sich dies auch dann, wenn durchaus erfolgreiche Online-Versender im zweiten Schritt Präsenz durch begeh- und erlebbare Ladengeschäfte in den Metropolen ihrer Zielgruppen eröffnen.

Matthias Horx spricht im Zusammenhang von New Work über den Abschied vom Jugendwahn und die Erfahrung als Erfolgsfaktor (Horx 2010). Vielleicht hängt damit auch ein inhaltlicher Wandel zusammen, den wir als Trend im Event-Marketing erkennen und aufnehmen können: Veranstaltungen mit Bildungsinhalten sind gefragt.

In einer Studie der Karlshochschule (www.karlshochschule.de) wurden Kunden eines mittelständischen Unternehmens aus Deutschland befragt. Ihr Lieferant lud sie seit geraumer Zeit zu Veranstaltungen ein, mit dem Ziel, die ansonsten über Medien wie E-Mail oder Telefon ablaufende Kommunikation durch ein persönliches Treffen zu ergänzen und damit die Bindung zum Unternehmen zu festigen. Dabei wurden vorrangig Unterhaltungs-Elemente in die Event-Konzepte eingebaut; wichtig erschienen gutes Essen, entspannte Atmosphäre und der eine oder andere Show-Act. Die Auswertung der Ergebnisse zeigte, dass der überwiegende Anteil der Kunden edukative Inhalte vermisste und – als Konsequenz aus einer Neu-Positionierung dieser Kunden-Events – durch Weiterbildungs-Komponenten die Zahl der Besucher und damit der Erfolg dieser auf Kunden zugeschnittenen Event-Marketing-Reihe wachsen könnte.

Im Übrigen finden wir besonders erfolgreiche Event-Fazilitäten dort, wo sich die Elemente Spaß und Bildung kombinieren lassen. Edutainment als ideales Nest für Veranstaltungen. Hier oder an anderen Orten können wir durch Live-Kommunikation Oasen schaffen für diejenigen, die im Arbeitsalltag angespannt und konzentriert mehrere Aufgaben gleichzeitig zu erledigen haben – Frank Schirrmacher spricht von Körperverletzung, wenn er über Multitasking schreibt (Schirrmacher 2009, S. 69ff.). Also eine weitere Chance, neben dem Bildungswunsch, durch Singletasking, durch Entschleunigung, durch Simplifizierung im Kern unserer Live-Kommunikation ein Event zu schaffen, das Wirkung entfaltet.

Authentitizät

In dem Buch „Authenticity" beschreiben Gilmore und Pine die Welt in ihren beiden großen Dimensionen – Realität und Fake. Das Autoren-Duo hatte bereits mit der Publikation „The Experience Economy" einen wichtigen Beitrag zum Wandel und damit zu Trends abgeliefert – dort mit dem Untertitel „Arbeit ist Theater und jedes Geschäft eine Bühne".

Nun zeigen sie in einer Matrix auf, dass es vier Zustände der Authentizität geben kann: Ist der selbstbestimmte Bezug zwischen dem Unternehmen und den Leistungen, die es an den Markt bringt, wahrhaftig? Und ist die Aussage des Unternehmens darüber, worum es sich bei den Leistungen handelt, dem Markt gegenüber ebenfalls wahrhaftig? Nur wenn beide Fragen mit „Ja" beantwortet werden, ergibt sich eine 100%ige Realität – dagegen besteht bei zwei „Nein" eine „Fake-Fake"-Situation.

Niketowns – riesige Kaufhäuser, in denen Nike ausschließlich eigene Produkte verkauft und sich selbst als Marke darstellt – sind, so die beiden US-Amerikaner, ein „Fake-Fake", da sie weder das sind, was sie behaupten zu sein, noch ihrem Mantra von „authentischer sportlicher Leistung" entsprechen. Empfohlen wird eine Umorientierung, die für stärkere Authentizität sorgen soll (Gilmore/Pine 2007, S. 95ff.).

Im Kontext der Debatten um Nachhaltigkeit, und damit um langfristige ökologische, ökonomische und soziale Prägung von Verantwortung, erleben wir verstärkt „Realität" und „Fake". Authentizität wird nur dort wahrgenommen, wo die kommunizierte Nachhaltigkeit auf einem wirklichen Fundament fußt. Die Sensibilität der Empfänger wird zunehmen, gespielte Verantwortung als Potemkinsches Dorf, als Fassade enttarnt und Erfolg nur demjenigen gewidmet werden, der wahrhaftig handelt.

Eine Differenzierung in unserer MICE-Welt durch Themen rund um die Nachhaltigkeit wird mehr denn je zielführend sein; auch Matthias Horx sieht Nachhaltigkeit als zentrales Thema im strategischen Management und spricht von Neo-Ökologie (Horx 2010).

Klare Strukturen im Sinne von eindeutig definierbaren Zielgruppen werden partiell diffus; dies macht es einerseits schwieriger, Veranstaltungsprofile mit Passform zu entwickeln. Andererseits eröffnen sich neue Möglichkeiten, wenn die Cluster-Qualitäten Gesundheit und Nachhaltigkeit angesprochen werden können. Dies trifft zu für die wachsende Gruppe der LOHAS (Lifestyle of Health and Sustainability). Vor einigen Jahren wurde in einer Studie diese hybride Lebensform im Marketing-Kontext beschrieben, das Sowohl-Als-Auch-Verhalten dargestellt: Gesundheit und Genuss, Wirklichkeitsbezug und Spiritualität, Selbstbezug und Gemeinsinnorientierung sind keine Gegensätze mehr (Hubert Burda Media Research & Developement 2007). Die international weiter wachsende Gemeinschaft der LOHAS determiniert eine Veränderung der Rahmenbedingungen für Events.

Vielleicht widmen wir aber zukünftig unsere Aufmerksamkeit auch den MALOS. Die Male Affluent Loosers of Security sind männliche Status-Angstverlierer. Trotz überdurchschnittlichem Einkommens- und Bildungsniveau liegt ein Schleier von Depression und Apokalypse über Familien- und Berufsleben. Matthias Horx befürchtet hier, dass zukünftig weniger die LOHAS als die MALOS über die gesellschaftliche Zukunft entscheiden werden (Horx 2011).

Evaluation

Es ist richtig, dass Events einen wichtigen und unverzichtbaren Beitrag im Kommunikationsmix von Unternehmen leisten, dass Messen und Kongresse in unserer Wissens- und Netzwerkgesellschaft Garant für Innovation und Fortschritt sind. In welchem konkreten Umfang und insbesondere mit welcher Kosten-Nutzen-Relation dies der Fall ist, bleibt aber häufig unbeantwortet. Wir berufen uns auf Erfahrungswerte, Budgets der Vorjahre und persönliche Einschätzungen. Dieses Vermutete mag in der Regel auch zutreffend sein, dennoch verlangen das finanzielle Volumen des Veranstaltungs-Investments und die Bedeutung als wirtschaftlicher Erfolgsfaktor eine genauere Betrachtung.

Wir werden uns deshalb zukünftig noch intensiver als dies bisher der Fall war mit Methoden zur Evaluation von Events beschäftigen müssen. Das vorhandene Instrumentarium ist bereits gut ausgebildet, wird aber häufig mit Kosten-Argumenten zurück in die Schublade verwiesen.

Man kann nur managen, was man messen kann. Und man kann nur messen, was als Zielvorgabe definiert wurde (Sywottek 2011). Hier scheint das umfangreichste Fortschritts-Potenzial zu ruhen. Nach wie vor werden quantitative Größen wie „Zahl der Teilnehmer" oder „Veranstaltungs-Budget" isoliert betrachtet. Primärziel ist es jedoch nicht, eine bestimmte Anzahl an Teilnehmern zu generieren oder ein vorgegebenes Budget einzuhalten. Die wirklichen Ziele, die in der Regel bekannt sind, aber im Zusammenhang mit der Beurteilung des Erfolgs einer Veranstaltung unausgesprochen bleiben, sind die tatsächliche Vorgabe.

Ein ganzheitlicher Controlling-Ansatz, der in diagnostischer wie auch evaluativer Hinsicht unterstützt, muss dann gegebenenfalls auch neben den bestehenden Tools mit neuen oder weiterentwickelten Methoden ausgerüstet werden. Eine Aufgabenstellung, die von Unternehmen, Branchenverbänden und der Wissenschaft gemeinsam angegangen werden kann (Luppold/Rück 2011).

Dieser ganzheitliche Ansatz ist nicht als Ersatz, sondern als Ergänzung für weiterhin stattfindende Bauchentscheidungen gedacht. Bei aller Rationalität bleibt die Intelligenz des Unbewussten und die Macht der Intuition. Oder in Worten des 1623 geborenen Mathematikers und Physikers, Erfinders, Philosophen und Literaten Blaise Pascal: Das Herz hat seine Gründe, die der Verstand nicht kennt (Gigerenzer 2008).

Literatur

Adam, Carol/Luppold, Stefan: Event-Marketing im Customer Relationship Management. Sternenfels 2011.

Baecker, Dirk: Der Mensch wird neu formatiert. In: Frankfurter Allgemeine Sonntagszeitung vom 30.05.2010. Frankfurt/Main (2010), nachzulesen unter:
http://www.faz.net/s/RubCEB3712D41B64C3094E31BDC1446
D18E/Doc~E875917D63CDA4DAAB16BA4F6B779A79C~A
Tpl~Ecommon~Scontent.html (Abruf am 12.03.11)

Bernard, Florian/Luppold, Stefan: Mobile Marketing für Messen. Integrierte Kommunikation im Messemarketing der Aussteller. Sternenfels 2010.

Conrady, Roland/Buck, Martin (Hrsg.): Trends and Issues in Global Tourism. Heidelberg 2011.

Gigerenzer, Gerd: Bauchentscheidungen. Die Intelligenz des Unbewussten und die Macht der Intuition; 4. Auflage. München 2008.

Gilmore, James H./Pine II, B. Joseph: Authenticity: contending with the new consumer sensibility. Boston 2007.

Horx, Matthias: Anleitung zum Zukunftsoptimismus. Frankfurt/Main 2007.

Horx, Matthias: Future View. In: Berliner Zeitung vom 04.02.2011, S. 1. Berlin 2011.

Horx, Matthias: Trendbuch. Düsseldorf 1993.

Horx, Matthias: Trend-Report 2011 – Soziokulturelle Schlüsseltrends für die Märkte von morgen. Kelkheim/Taunus 2010.

Hubert Burda Media Research & Development (Hrsg.): Greenstyle Report. 2007.

Luppold, Stefan/Rück, Hans: Event Controlling and Performance Measurement. In: Trends and Issues in Global Tourism, S. 253-277. Heidelberg 2011.

Pinter, Eva: 2010 – das Jahr der hybriden Events, Interview mit Prof. Stefan Luppold. In: m:convisions, Ausgabe 13/2010, S. 50-51. Mannheim 2010.

Riegel, Dagny: Events in Zahlen (1). In: brand eins, 13. Jahrgang, Heft 2, S. 97. Hamburg 2011.

Schirrmacher, Frank: Payback. München 2009.

Sywottek, Christian: War doch schön! In: brand eins, 13. Jahrgang, Heft 2, S. 100-105. Hamburg 2011.

2 Live plus virtual

Die Evolution der Live Communication im Digitalzeitalter

Von Dagobert Hartmann, Uniplan

Dagobert Hartmann studierte Betriebswirtschaftslehre an der Universität Köln. Nach seinem Studium war er für sieben Jahre bei Grey Worldwide zuletzt als Director Strategic Planning tätig. Bei Uniplan arbeitet Dagobert Hartmann als Director Consulting and Research. Der Strategieberater und Markenexperte berät Kunden der Uniplan Gruppe in Themen der strategischen Markenführung, der integrierten Kommunikation und des Live-Com-Managements. In Kooperation mit dem Lehrstuhl Marketingmanagement an der HHL-Leipzig Graduate School of Management ist er für die jährlich erscheinenden „Uniplan LiveTrends" Studien zuständig.

Einleitung

Die Live und die Virtual Communication werden in Zukunft miteinander „verschmelzen". Durch die Integration der Online-Kanäle wird das Live-Erlebnis über die eigentliche physische Veranstaltung hinweg zeitlich und medial ausgedehnt. Es entstehen neue „hybride" Veranstaltungsformate, die reales und virtuelles Erleben miteinander kombinieren.

Der vorliegende Beitrag skizziert die Weiterentwicklung der Live Communication im Digitalzeitalter. Er deckt die Unterschiede und Wechselwirkungen von Live und Virtual Communication auf und liefert konkrete Szenarien, wie sich die beiden Dialoginstrumente wirkungsvoll integrieren lassen. Dazu wurden in den Uniplan LiveTrends-Studien (vgl. Kirchgeorg 2009b) über 400 Marketingentscheider über die Zukunftsaussichten der Live Communication befragt. Die Expertenurteile der deutschen Marketingmanager werden um Case Studies aus den USA ergänzt. Der Blick über den Atlantik zeigt, welche Trendentwicklungen auch hierzulande zu erwarten sind.

Paradigmenwechsel im Marketing

Seit Jahren zeichnet sich ein Paradigmenwechsel im Marketing ab. Uniplan LiveTrends wollte wissen, in welchem Umfang Budgets verlagert werden und welche „neuen" Spielregeln für die zukünftige Markenkommunikation gelten.

Budgetshift in Online-Medien

Betrachtet man die Budgetverteilung im Zeitablauf, so zeigt sich das folgende Ergebnis: Seit 2004 haben die Unternehmen ihre Budgets von der klassischen Kommunikation hin zur Live und Virtual Communication verlagert. Dieser Trend wird in 2008/09 durch die Wirtschaftskrise durchbrochen. Während das Internet als der Budgetgewinner aus der Krise hervorgeht, wurden die Klassik-, aber auch die Messe- und Eventbudgets stark reduziert.

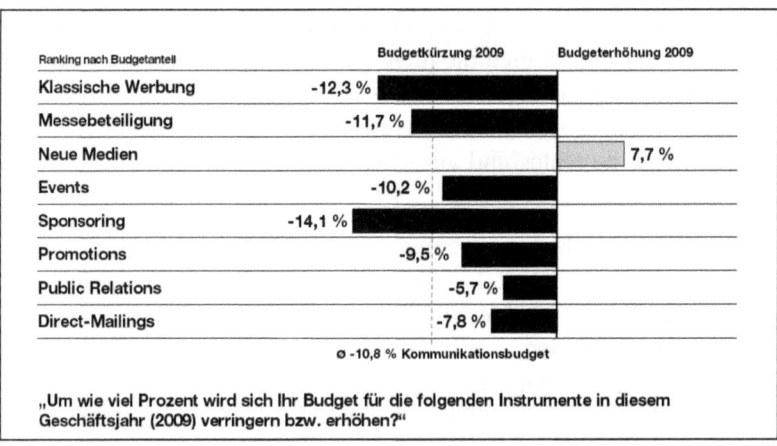

Abbildung 1: Budgetshift in der Marketingkommunikation

(Quelle: Uniplan)

Damit hat die Wirtschaftskrise den Paradigmenwechsel in der Marketingkommunikation beschleunigt. Es zeichnet sich eine nachhaltige Neuausrichtung der Kommunikationsportfolios ab. Während die klassische Einwegkommunikation weiterhin ins Hintertreffen gerät, startet das Internet durch und wird sich als neues Leitmedium etablieren.

Durch die neuen Web 2.0-Anwendungen wird das statische Internet zu einem interaktiven und kollaborativen Medium. Damit geht es im Grunde genommen einen Schritt zurück und rückt – ähnlich wie in der „prä-medialen" Ära – den Menschen und die soziale Interaktion in den Mittelpunkt. Der Zwei-Wege-Dialog mit dem Kunden wird in Zukunft zum kritischen Erfolgsfaktor im Marketing – online wie offline.

Nutzung von Social Media im Unternehmen

Seit zwei Jahren breiten sich die Social Media mit ungeheurer Entwicklungsdynamik aus. Uniplan LiveTrends wollte wissen, inwieweit die Unternehmen Social Media in ihrer Kommunikationsstrategie mit berücksichtigen. Neun von zehn Unternehmen beabsichtigen (im Jahr 2010) Social Media-Anwendungen einzusetzen. Dabei konzentrieren sie sich im Wesentlichen auf die folgenden „Killerapplikationen": Internetvideos (YouTube etc.), Corporate Blogging bzw. Microblogging (Twitter) sowie Social Networking-Plattformen (Facebook, Xing etc.).

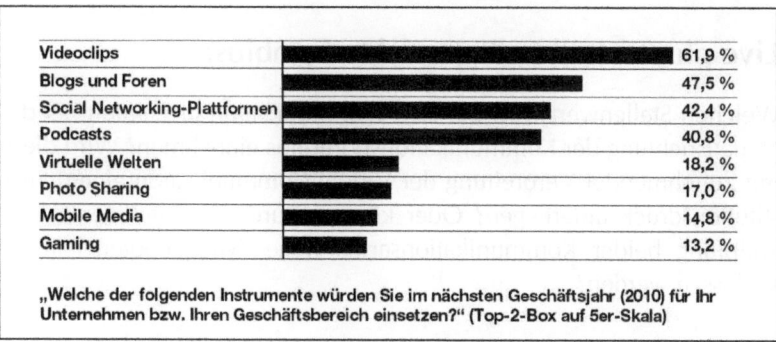

Abbildung 2: Einsatz von Social Media im Unternehmen

(Quelle: Uniplan)

Zwischen Anspruch und Wirklichkeit klafft jedoch eine Lücke. Viele Unternehmen streben ins Social Web, ohne über eine passende Social Media-Strategie zu verfügen. Oftmals mangelt es am nötigen Verständnis hinsichtlich der Wirkungsweisen und Funktionsprinzipien der Social Media. So werden diese als weiterer Abspielkanal für Werbebotschaften (miss)verstanden. Vielmehr geht es darum, als Unternehmen eine glaubwürdige „social voice" (Reputation) zu entwickeln und mit den Nutzern in einen echten und dauerhaften Dialog zu treten.

Das neue Kommunikationsmodell

Mit dem Social Web wandelt sich unser traditionelles Kommunikationsmodell grundlegend. Während es bei der massenmedialen Kommunikation einen Sender gibt, der eine Botschaft an viele Empfänger richtet („one to many"), ist in der Web 2.0-Ära jeder Empfänger zugleich auch ein Sender („many to many"). Unternehmen sind nur noch ein Sender unter vielen, deren Markenbotschaften in Konkurrenz zu den User-generierten Beiträgen stehen. Die Unternehmen verlieren die Hoheit über die Markenführung. Die Kunden sind die neuen Autoritäten und Multiplikatoren im Markt. Unternehmen können Kommunikation nur noch anstoßen und einen Rahmen setzen, aber nicht mehr vollständig kontrollieren. Dieser „Machtwechsel" wird weiter voranschreiten und die Marketingkultur nachhaltig verändern.

Live plus virtual – die perfekte Symbiose

Welchen Stellenwert wird die Live Communication in Zukunft bei der Neuausrichtung der Kommunikationsportfolios einnehmen? Wird diese mit zunehmender Verbreitung der Virtual Communication einem Substitutionsdruck unterliegen? Oder können durch die intelligente Verknüpfung beider Kommunikationsarten neue Synergiepotenziale erschlossen werden?

Ford Explorer – der virtuelle Launch

In den USA überraschte Ford die Marketingwelt mit einem Strategiewechsel (vgl. Grove 2010): Am 26. Juli 2010 enthüllten Mike Rowe vom Discovery Channel und Alan Mully, der CEO des Automobilkonzerns, den Ford Explorer exklusiv auf Facebook. Dies ist das erste Mal, dass ein großer Automobilkonzern auf den traditionellen Launch auf einer Automobilmesse verzichtet und eine Weltpremiere virtuell im Internet zeigt. Ein halbes Jahr später wurde der virtuelle Pre-Launch durch eine Offline-Roadshow in mehreren großen Metropolen der USA ergänzt. Die Facebook-Kampagne konnte also die Begehrlichkeit für ein Nischenprodukt wecken, aber eine Testfahrt im realen Leben (d. h. eine echte Produkterfahrung) nicht ersetzen.

Leistungsvergleich der Kommunikationsarten

Doch worin liegen nun die Leistungsunterschiede von Live und Virtual Communication? Uniplan LiveTrends legte den Befragten eine Liste mit fünfzehn Kriterien vor. Das Ergebnis ist eindeutig: Die Live Communication punktet beim Thema Vertrauensaufbau. Zudem schafft sie es, multi-sensuale Markenerlebnisse zu vermitteln und Kunden nachhaltig zu binden. Die Virtual Communication hingegen erzielt bei gegebenen Kosten eine hohe Reichweite, die weit über die von traditionellen Medien hinausgehen kann. Darüber hinaus ist diese in der Lage, für Nutzer mit gleichen Interessengebieten „communities of choice" zu formen.

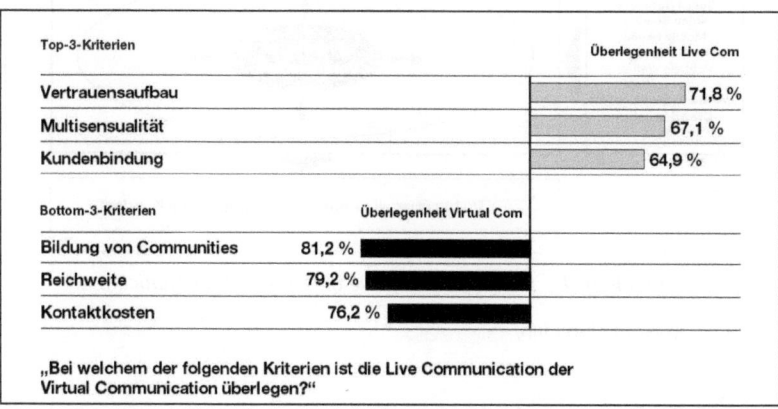

Abbildung 3: Leistungsprofil der Live und der Virtual Communication

(Quelle: Uniplan)

Genau in diesem Punkt stimulieren sich die Virtual und die Live Communication gegenseitig. Rund zwei Drittel der Befragten sind der Meinung, dass Online-Communities starke Anreize zur persönlichen Begegnung auf realen Veranstaltungen bieten („mass mingling"). Beide Instrumente ergänzen sich also ideal und unterstützen sich gegenseitig in ihrer Wirkung. Der Schüssel zum Wirkungserfolg liegt in der intelligenten Verknüpfung der beiden Dialoginstrumente.

Integrierte Planung der Kommunikation

Wurden Kunden bislang auf Events und Messen nur punktuell angesprochen, geht es in Zukunft darum, einen kontinuierlichen Kundendialog zu führen. Durch die Integration der Online-Kanäle lässt sich das Live-Erlebnis über die physische Veranstaltung hinaus zeitlich und medial verlängern. Durch die Verlängerung des Lebenszyklus entstehen neue „hybride" Veranstaltungsformate, die reales und virtuelles Erleben miteinander kombinieren. Um diese optimal aufeinander abzustimmen, bedarf es einer integrierten Planung über alle Stufen einer Veranstaltung, d.h. vor, während und nach den Live-Auftritten.

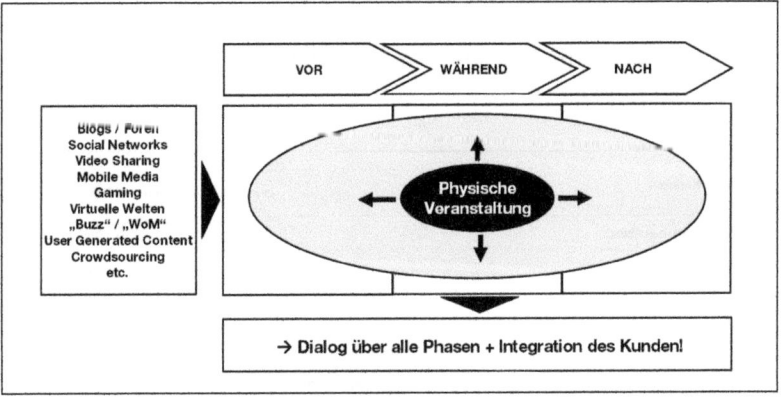

Abbildung 4: Integration von Live und Virtual Communication

(Quelle: Uniplan)

- **Maßnahmen vor der Veranstaltung**

Social Media sind ein wirkungsvolles Promotion-Instrument. Nicht mehr die Unternehmen, sondern die Nutzer selbst verbreiten – als authentische Multiplikatoren – die Informationen über die Veranstaltung im Netz. Durch den Viraleffekt der Netzwerke lässt sich die Reichweite von Live Communication erheblich verlängern. Bereits in der Planungsphase kann das Feedback der User eingeholt und die Veranstaltung frühzeitig an die Kundenbedürfnisse angepasst werden. Darüber hinaus kann der User aktiv in das Eventdesign mit einbezogen werden und als „Co-Creator" eigene Inhalte für die Veranstaltung produzieren.

- **Maßnahmen während der Veranstaltung**

Mittels Streaming-Technologien lassen sich Events und Messen in Echtzeit ins Internet übertragen. Neben den anwesenden Teilnehmern können auch die virtuellen User an der Live-Inszenierung teilhaben. Dabei bleibt es nicht beim reinen „Broadcasting", sondern über (mobile) Internetanwendungen können die virtuellen Teilnehmer sich mit den Anwesenden vor Ort austauschen. Auf diese Weise lässt sich die Interaktion und Dynamik einer Veranstaltung erheblich steigern. Die virtuellen Teilnehmer können sich selbst einen Eindruck von der Qualität der Veranstaltung machen und sind eher bereit, beim nächsten Mal selbst vor Ort live dabei zu sein.

- **Maßnahmen nach der Veranstaltung**

Nach dem Event geht es darum, das Live-Erlebnis in der digitalen Welt weiter fortzuführen. Der einmal begonnene Kundendialog darf nicht abreißen und ist über die Social Media-Kanäle weiterzuführen. Auf diese Weise lässt sich nicht nur die Identifikation der Teilnehmer („Ich war dabei Effekt") stärken, sondern auch die Bereitschaft, an einer Folgeveranstaltung teilzunehmen. Im besten Falle lassen sich feste Communities um Veranstaltungen herum aufbauen. Live-Auftritte sind dann nicht mehr länger punktuelle Ereignisse, die einen oder wenige Tage dauern, sondern werden zu Dialogplattformen, die mehrere Wochen oder sogar Monate „on air" sind. Im Idealfall ist ein ganzjähriger dauerhafter Kundendialog („365 Tage Kommunikation") möglich.

Status quo der Implementierung

Durch die Online-Integration lassen sich erhebliche Wirkungspotenziale für die Live Communication erzielen. Doch inwieweit wird die Vision der „hybriden" Events von den Unternehmen bereits gelebt?

Ford Fiesta Movement – „365 Community Event"

In den USA ist Ford mit dem „Fiesta Movement" einen neuen Weg bei der Markteinführung gegangen (vgl. Effie 2010). Bei dieser „grassroots"-Kampagne wurde das neue Modell inklusive Benzin und Versicherung kostenlos in die Hände von 100 Meinungsführern gegeben.

Die einzige Bedingung für die „social agents" war, einmal im Monat eine „mission" (mal mit bzw. mal ohne Ford Fiesta) zu erfüllen sowie Videos und Fotos der Mission über Facebook, Twitter, YouTube, Flickr etc. zu verbreiten. Ohne einen Dollar an Mediabudget auszugeben, hat die Social Media-Kampagne ein enormes „Buzz" im Netz erzeugt: Über 31.000 einzelne Inhalte wie Video- und Foto-Uploads wurden erstellt und damit insgesamt über 3,7 Mio. „views" auf YouTube und 2,8 Mio. „tweets" auf Twitter erzielt. Durch die Ansprache der 100 „influencer" hat Ford es geschafft, die User über ein Jahr lang zu involvieren. Ein solches nachhaltiges Kundeninvolvement wäre durch einen traditionellen „Offline-Testdrive" nicht zu erreichen gewesen. Durch den Strategiewechsel ist es Ford gelungen, um den neuen Fiesta herum eine dauerhafte Eventserie mit einer festen Fan-Community zu etablieren.

Implementierung in Deutschland

Während die Unternehmen im Corporate Marketing bereits Erfahrungen mit Social Media gesammelt haben, bestehen zurzeit noch erhebliche Berührungsängste, Live-Auftritte mit Social Media zu kombinieren. Uniplan LiveTrends fragte, welche Webanwendungen Unternehmen im Rahmen ihrer Live-Aktivitäten sowohl aktuell, als auch zukünftig einsetzen.

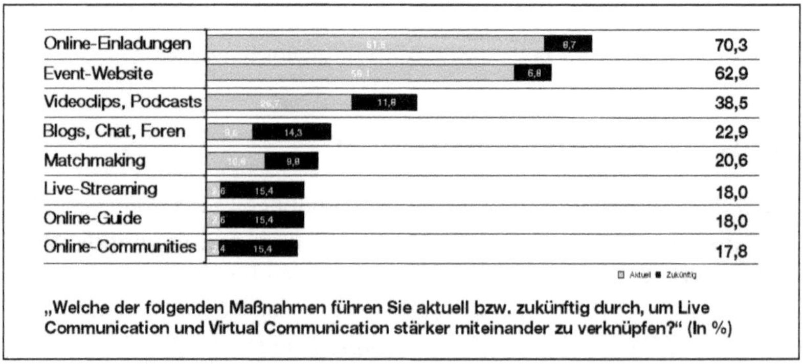

	Aktuell	Zukünftig
Online-Einladungen	61,5	70,3
Event-Website	58,1	62,9
Videoclips, Podcasts	11,8	38,5
Blogs, Chat, Foren	14,3	22,9
Matchmaking	9,8	20,6
Live-Streaming	15,4	18,0
Online-Guide	15,4	18,0
Online-Communities	15,4	17,8

„Welche der folgenden Maßnahmen führen Sie aktuell bzw. zukünftig durch, um Live Communication und Virtual Communication stärker miteinander zu verknüpfen?" (In %)

Abbildung 5: Webanwendungen in der Live Communication
(Quelle: Uniplan)

So setzt die Mehrzahl der befragten Unternehmen auf herkömmliche Online-Einladungen und eine eigene Webpräsenz für den Live-Auftritt. Auf breiter Basis kommen von den neuen Web 2.0-Anwendungen nur Videoclips und Podcasts zum Einsatz. Zukunftsträchtige Instrumente, wie Live Streamings oder Community Building, werden aktuell so gut wie gar nicht eingesetzt, bei ihnen wird jedoch der größte Nachholbedarf gesehen. Noch gehen die Unternehmen in Deutschland sehr zögerlich mit der Integration von Social Media bei Events und Messen um. Doch die Unternehmen, die den Nutzen der Social Media-Integration erkennen, werden zukünftig die Effizienz und Effektivität ihrer Live Com-Aktivitäten erheblich steigern können.

Schlussbetrachtung

Mit dem digitalen Medienwandel entwickelt sich auch die Live Communication weiter. In Zukunft wird diese immer mehr mit der Virtual Communication „verschmelzen". Es entstehen neue „hybride" Veranstaltungsformate, die die Grenzen zwischen realem und virtuellem Erleben aufheben. Durch die Integration der digitalen und sozialen Kanäle lässt sich der Lebenszyklus von Live Communication erheblich verlängern. Events und Messen sind in Zukunft nicht mehr länger punktuelle „Solitär-Ereignisse", sondern werden zu medial vernetzten „Ganzjahres-Veranstaltungen." Der ehemals passive Kunde erlangt eine aktive Rolle und wird zum Co-Produzenten, Ideengeber, Meinungsbildner und Markenbotschafter. Live-Auftritte werden auf diese Weise zu attraktiven „Content-Lieferanten", die ihre volle Kraft in den virtuellen Medien entfalten. Damit avanciert die Live Communication im Idealfall zum zentralen Referenzpunkt („Epizentrum") für die gesamte Marketingkommunikation.

Doch noch bestehen erhebliche Berührungsängste, Live Communication und Social Media wirkungsvoll miteinander zu verknüpfen. Live Communication wird leider noch allzu oft als kurzfristige Push-Taktik eingesetzt denn als Plattform für einen kontinuierlichen und nachhaltigen Kundendialog begriffen. Um diesem Anspruch gerecht zu werden, ist ein kultureller Wandel in den Unternehmen notwendig. Neben einer übergreifenden Strategie ist vor allem eine Social Media Governance aufzusetzen, die den internen Umgang mit Social Media regelt.

Unternehmen, die es schaffen diesen Change-Prozess zu steuern, werden in Zukunft einen schwer zu imitierenden Wettbewerbsvorteil erlangen. Dabei müssen sie sich nicht vom traditionellen Marketing verabschieden, sondern dieses lediglich um Social Media-Aktivitäten ergänzen.

Literatur

Brühe, Christian: Messen als Instrument der Live Communication. In: Kirchgeorg, M. et al. (Hrsg.): Handbuch Messemanagement. 2003, S. 73–86

Effie Worldwide: Gold Effie Winner, Fiesta Movement. 2010. (http://www.effie.org/winners/showcase/2010/4279)

Grove, Jennifer Van: Inside The Ford Explorer Facebook Reveal, Blogbeitrag auf mashable vom 26.07.2010 (http://mashable.com/2010/07/26/ford-explorer-facebook-reveal)

Hartmann, Dagobert: Wertschöpfung durch Live Communication. In: Herbrand, N. O. et al. (Hrsg.): Schauplätze dreidimensionaler Markeninszenierung. Stuttgart 2008, S. 119–134.

Hartmann, Dagobert: Live Communication und Social Media – die perfekte Symbiose. In: MRSG Marketing Review St. Gallen, Sonderheft Live Communication, 28. Jahrgang, Ausgabe Nr. 02/2011, S. 34–39.

Kirchgeorg, Manfred/Springer, Christiane/Brühe, Christian: Live Communication Management. Ein strategischer Leitfaden zur Konzeption, Umsetzung und Erfolgskontrolle. Wiesbaden 2009 (a).

Kirchgeorg, Manfred/Ermer, Beatrice/Brühe, Christian/Hartmann, Dagobert: Uniplan LiveTrends 2009/10, live@virtuell – neue Formen des Kundendialogs. Köln und Leipzig 2009 (b).

Kirchgeorg, Manfred/Bruhn, Manfred/Hartmann, Dagobert: Substitution oder Integration: Live Communication im Wandel der Kommunikationsportfolios. In: MRSG Marketing Review, St. Gallen, Sonderheft Live Communication, 28. Jahrgang, Ausgabe Nr. 02/2011, S. 7–13.

3 R.I.P. Events – Ein „Fast"-Nachruf

Oder: Tote leben länger

Von Joachim Kortlepel und Lutz Nebelin, Jung von Matt/relations

Joachim Kortlepel (41) und Lutz Nebelin (48) sind Gründer und Geschäftsführer der Agentur Jung von Matt/relations. Die Agentur, die sie seit 2002 gemeinsam führen, ist aktuell Nr. 1 des Deutschen Eventkreativrankings von Horizont und w&v. Weitere Leistungsfelder der national und international vielfach ausgezeichneten Kölner Agentur: Kommunikation im Raum und Public Relations.

Einleitung

24 Stunden live. Alle Informationen sind immer und überall verfügbar. Sie werden geteilt, kommentiert, bewertet. Die Welt hat sich verändert.

Menschen sind heute per Mausklick bei allen wichtigen und unwichtigen Ereignissen auf der Welt dabei. Sie schicken sich Filme und Fotos von Handy zu Handy. Posten auf facebook oder informieren sich und ihre Öffentlichkeit über Twitterdienste. Sofort. Unmittelbar. Vor allem, wenn sie mögen, was sie sehen. Oder, wenn ihnen die Möglichkeit zum Mitmachen eingeräumt wird.

Eine Riesen-Chance für Eventtreibende. Denn auch Events sind längst keine analogen Ereignisse mehr. Eventkreative müssen diese Entwicklungen annehmen, für sich nutzen, ihre Arbeit neu ausrichten und auf die geänderten Rahmenbedingungen anpassen.

Zwei Thesen hierzu – Unterfüttert mit Fallbeispielen

These 1: Die Plattform-These.

Events im herkömmlichen Sinne haben keine Zukunft.

Heute und in Zukunft dreht sich alles um „begehbare" Marken- und Kommunikationsplattformen.

Ein Beispiel: Die Einführung des Mercedes-Benz GLK

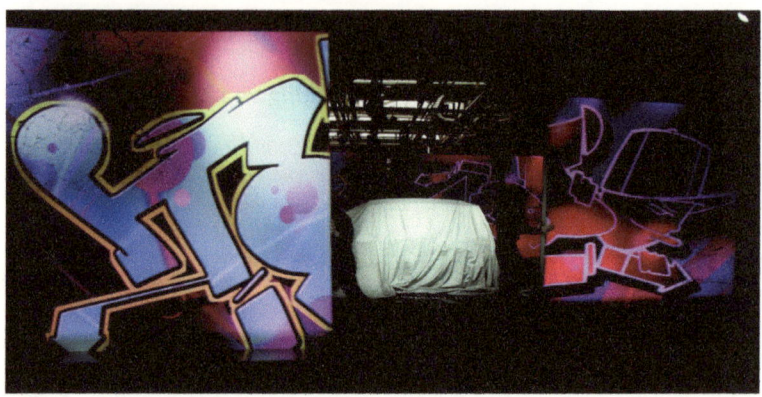

Abbildung 1: *The design:project. Internationale Markeinführungskampagne für den Mercedes-Benz GLK*

Gebrieft war ein Event mit dem Hinweis: „Sie haben alle Freiheiten bei der konzeptionellen Gestaltung." Mutig vom Kunden und dankbar für die Agentur. Aus dem Eventjob wurde eine medienübergreifende Pre-Launch-BtL-Kampagne, die den GLK im Rahmen der klassischen Gesamtkampagne „Mercedes-Benz, frei interpretiert. Der GLK" über das Thema Design eigenständig und emotional als kompakten SUV für Individualisten positionierte und ihn der Öffentlichkeit präsentierte. Neuland für Mercedes-Benz. Aber der richtige Weg, um neue Zielgruppen zu erreichen.

Die zentrale Idee: THE DESIGN:PROJECT – ein europaweiter Designwettbewerb. Interdisziplinäre Teams aus sechs europäischen Designinstituten kreierten für den Launch-Event sechs individuelle Showrooms. Einzige Vorgabe: Inspiriert vom GLK sollten ihre Kreationen das „Spiel mit Form und Inhalt" thematisieren.

Acht Monate vor dem Verkaufsstart des GLK wurden drei Kommunikationsphasen entwickelt.

Phase 1)   **The :contest**

Ein Design-Wettbewerb für ausgewählte, interdisziplinäre Design-Teams aus Deutschland und anderen europäischen Ländern. Die formulierte Aufgabe: Wie sehen, ausgehend vom Design des GLK, Design-Interpretationen in anderen Lebensbereichen für die GLK-Zielgruppe aus?

Vier Monate Zeit für die Designer. Dazu eine weitere mutige Kundenentscheidung: Die Ergebnisse wurden nicht kuratiert. Alle waren überrascht, wie sehr die Marke Mercedes-Benz die Designer inspirierte, gleichzeitig aber auch disziplinierte. Die Medien waren begeistert: Mercedes-Benz inspiriertes Design von Designern dieser Institute hatte alles, wovon man beim modernen Storytelling träumt. Eine in sich schlüssige Geschichte, User-generated Content, Innovation, spannende Formen und permanent neue Inhalte.

Die (Kommunikations-)Saat war ausgebracht. Designer gingen ans Werk und die Medien berichteten darüber.

Abbildung 2:   Berichterstattung in „wallpaper"

Phase 2)   **The :insight**

Die Idee: Design-Interessierte aus der ganzen Welt bekamen die Möglichkeit, den Designern bei ihrer Arbeit über die Schulter zu schauen und darüber hinaus in europäischen Metropolen Menschen und Orte kennenzulernen, die nicht im Reiseführer zu finden sind. Über das eigens eingerichtete GLK-Webspecial konnten sich Designfans online bewerben, die Kreativen in ihren Ateliers zu besuchen um exklusive Einblicke in deren Arbeit zu erhalten.

Arbeit und Lifestyle: Gemeinsam mit den Designern entdeckten die Gewinner die angesagten Hot-Spots der Städte (Clubs, Architektur, Kunst etc.). Kamera- und Redaktionsteams begleiteten sie. Mit dabei waren je zwei GLK, die vor Ort erstmalig in Szene gesetzt wurden. Auch hier wurde der User-generated Content gesammelt und on- wie offline in die Design-Community zurückgespielt.

Die (Kommunikations-)Saat war aufgegangen.

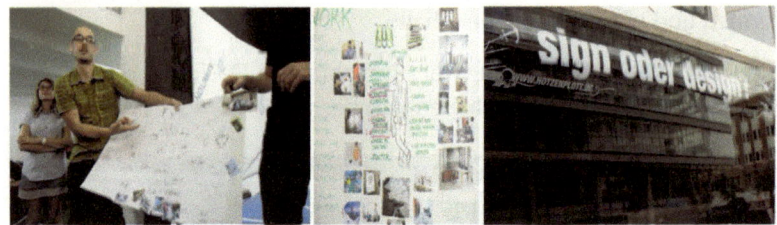

Abbildung 3: Zu Besuch bei Designern in Barcelona und Hamburg

Phase 3) The :place

The :place war die Präsentationsplattform, auf der die in den ersten beiden Phasen geschaffenen Designobjekte, Dokumentationsfilme und Fotoreportagen in inszenierten Locations erstmalig den Medien, geladenen Gästen und der Öffentlichkeit vorgestellt wurden. Und: Der GLK bekam in den von den Designern geschaffenen Showrooms eine exklusive Präsentationsfläche. Bei den Vernissagen in Mailand und Stuttgart präsentierte sich der GLK wie selbstverständlich in diesem neugeschaffenen Design-Umfeld. Erstmals kam also alles zusammen, was schon seit der Anfangsidee zusammengehörte.

Alle Design-Arbeiten konnten zum GLK-Verkaufsstart weltweit von den Mercedes-Benz Händlern in ihren Showrooms eingesetzt werden.

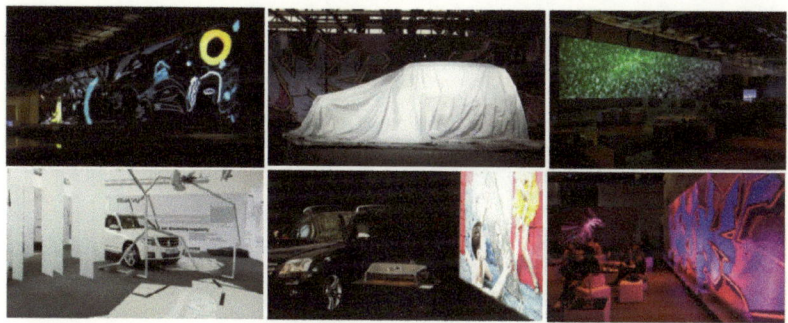

Abbildung 4:   Design-Vernissagen in Stuttgart und Mailand

Das Ergebnis: Die Event-Kampagne wurde zur Content-Maschine. Content – von der Zielgruppe für die Zielgruppe. Glaubwürdig. Authentisch. Der Event selbst war nur krönender Abschluss. Auch er sorgte für relevanten Content für die Kommunikationsplattform und war durch seine besondere Art der Aufbereitung das Ziel der Designer und Mittelpunkt des Interesses Designinteressierter sowie relevanter Medien auf der ganzen Welt.

Die Design-Vernissage selbst, mit dem GLK als Protagonist, machte zeitlich gerade nur ein Zehntel der Gesamtkampagne aus. Für die ersten fünf Monate lief das internationale Projekt sogar ohne das Auto selbst auch nur ein einziges Mal zu zeigen.

Ein weiteres Beispiel:
Das größte Überraschungs-Ei der Welt

Die Aufgabe: Zur Markteinführung einer neuen Figurenedition (im Überraschungs-Ei) sollte maximale mediale Aufmerksamkeit generiert werden, die Nachfrage nach den neuen Figuren erhöht und die Begeisterung für das Kultobjekt Ü-Ei neu entfacht werden.

Die Idee: Bau des größten Überraschungs-Eis der Welt und Ausrichtung eines großen Familienfestes im Bonner Freizeitpark Rheinaue.

Abbildung 5: Pressefoto – Der TV-Spot

Ein 16,20 Meter hohes, 11,20 Meter breites und 150 Tonnen schweres, bewegliches Überraschungs-Ei wurde gebaut. Dieses Riesen-Objekt wurde zum Dreh- und Angelpunkt einer 3-phasigen Mystery-Kommunikationskampagne, die dem Charakter des Original-Überraschungs-Els entsprechend Spannung und am Ende auch Erlebnis miteinander vereinte.

Um die Spannung aufzubauen, wurde die Zielgruppen über ausgesuchte Medien angesprochen. Drei Fragen gliederten die Kampagne, die über das Web, TV, Hörfunk und Printmedien die Fans des Überraschungs-Eis ansprach:

1. Frage: *„Was entsteht da wohl in Bonn?"*

Zum Baubeginn startete eine nationale Mystery-PR-Kampagne mit breiter Medienansprache. Redaktionelle Beiträge und Anzeigen schürten die Spannung auf das, was da noch alles passieren würde und was es mit dem Sonderbau in der Rheinaue auf sich hatte. Erst nach zwei Wochen verkündeten wir in der Öffentlichkeit, dass in Bonn tatsächlich ein riesiges Überraschungs-Ei gebaut wird.

2. Frage. *„Was ist da drin im größten Überraschungs-Ei der Welt?"*

Wie beim echten „kleinen" Bruder aus Schokolade fragten sich Öffentlichkeit und Medien mittlerweile, was wohl drin sei im „Big Brother"?

Wir befeuerten die Spekulationen noch und schalteten zeitgleich Wohnungsanzeigen in Tageszeitungen und luden zur Besichtigung einer ganz ungewöhnlichen und familienfreundlichen Wohnung ein.

Abbildung 6: Anzeige bei Immobilien Scout 24

Es erfolgte erneut eine breite Medienansprache über Anzeigen und Gewinnspiele. Die Medienpartner – Bild-Zeitung, Super RTL und Radio Big FM – wurden mit Aktionen und Informationen gezielt eingebunden.

Am Ende dieser Phase wurde verkündet, was in der Öffentlichkeit schon breit diskutiert wurde: Das Ü-Ei wird sich tatsächlich öffnen. An einem besonderen Tag mit Programm für jung und alt. Der klassische TV-Spot integrierte erstmalig einen Event-Hinweis gepaart mit vertiefenden und flankierenden Online-Maßnahmen.

Es folgte die 3. Frage: „In jedem 7 Ei, ist einer von uns dabei... – wird es ein Highlight geben?"

Kurz vor dem Event: Das Programm des Events war mit Ausnahme des TopActs vollständig bekannt. Diesen kommunizierten wir, allerdings nur mit Andeutungen.

Das Ergebnis: Der Event war auch hier Mittel zum Zweck. Abschluss der sechswöchigen Kampagne. Ziel war es, das Ü-Ei selbst zum Mittelpunkt zu machen und in der vertrauten Mechanik (Spiel – Spaß – Spannung) nationale Berichterstattung zu generieren. Mit mehr als 300 Millionen Kontakten in nur sechs Wochen ist dies auch gelungen. Übrigens: Zum Event selbst kamen 170.000 Menschen nach Bonn.

Wäre die Kampagne auch ohne den Eventtag ein voller Erfolg geworden?

Fazit zur Plattform-These

Events im herkömmlichen Sinne haben keine Zukunft.

Heute und in Zukunft dreht sich alles um „begehbare" Marken- und Kommunikationsplattformen.

Der solitäre Event ist out. Seine Rolle hat sich fundamental verändert. Der Event wird zum Mittelzweck; zu einem wichtigen Bestandteil einer Kommunikationsplattform. Nicht mehr, aber auch nicht weniger.

> **These 2: Die Trojaner-These**
>
> Events im herkömmlichen Sinne haben keine Zukunft.
>
> Sie sind vor allem Trojanische Pferde, die den gewünschten Content medienwirksam platzieren.

Ein Beispiel: Philharmoniker Hamburg – das größte Konzert der Welt

Die Herausforderung: Popkonzerte, Kino-Blockbuster und Musicals stehlen klassischen Konzerten zunehmend die Schau. Die Philharmoniker Hamburg müssen um ihre Zuschauer kämpfen. Daher wollten sich die Philharmoniker Hamburg die Herzen der Hamburger zurückerobern und wieder die erste Geige spielen.

Die Idee: Mit einer einzigartigen und einmaligen Aktion die Hamburger Philharmoniker zum Gesprächsthema Nummer 1 zu machen und den Konzertsaal nachhaltig zu füllen.

Abbildung 7: Ganz Hamburg ist ein Orchestergraben

Konkreter: Die ganze Stadt wurde umgewidmet und kurzerhand zum Konzertsaal erklärt. Damit jedoch nicht genug. Alle Menschen auf der ganzen Welt sollten die Möglichkeit haben, das Konzert live zu verfolgen, zu hören und zu sehen.

Wie? Im Web. Auf einer eigens gebauten Microsite konnten die Menschen per Mausklick die Orte und Musiker ansteuern und so den Liveklang hören und auch sehen. Ein spannendes Musikkonzert mit der Stardirigentin Simone Young hoch oben auf der Hamburger St. Michaelis-Kirche.

Das Hauptaugenmerk lag nicht mehr auf dem Event, der dennoch ein voller Erfolg wurde. Das größte Konzert der Welt wurde an 50 verschiedenen Orten in Hamburg vor mehr als 10.000 Zuschauern gespielt. Am 2. März 2009, pünktlich um 18.30 Uhr, übertrug der Sender „HH1 live" das Dirigat von Simone Young vom Hamburger Michel an alle Musiker. Zu den 50 „Spielorten" des Orchesters zählten u. a.: Das Millerntor-Stadion des FC St. Pauli, der Hauptbahnhof, ein Sexshop auf dem Kiez, der alte Elbtunnel, die Fischauktionshalle, der U-Bahnhof Schlump, der Tennisplatz in der Rotherbaumarena, Restaurants, Börsensaal u. v. m. Das allein brachte für uns den Eintrag ins Guinness World Record.

Das Ergebnis: Den Philharmonikern Hamburg flogen die Herzen zu. Die Kampagne begeisterte mehr als 60 Millionen Menschen für ein einziges Konzert der Philharmoniker Hamburg. Die Idee, 100 Musiker an 50 Orten Hamburgs ein Konzert spielen zu lassen, es online verfolgen und (später – so man es verpasst hatte) auch nachhören zu können, begeisterte Menschen und Medien in der ganzen Welt. Die Abo-Zahlen für die Philharmoniker stiegen nach dem „Größten Konzert der Welt" sprunghaft an. Die Folgekonzerte waren ausverkauft.

Ein weiteres Beispiel: Solon – Game Over CO_2

Zur Messe ECOTEC 2007 in Essen wollten wir das Thema „CO_2-freie Mobilität" durch laute Präsenz vor Ort für die Solon AG besetzen und die dazugehörige Internetseite *Game Over CO_2* nachhaltig promoten.

Die simple Idee: „CO_2 ist böse". Ausgehend von dieser einfachen Botschaft, traten auf der Messe und an publikumsstarken Orten in Essen Menschen als CO_2-Moleküle auf, demonstrierten **für** Energieverschwendung und hetzten **gegen** das Energiesparen. Nach einiger Zeit tauchten immer mehr Gegendemonstranten mit Gummikeulen auf, die die CO_2-Apologeten lautstark vertrieben. Dazu forderten sie die Unterstützung der Passanten und Neugierigen ein.

Abbildung 8: CO_2 Moleküle demonstrieren in Essen gegen ihre Abschaffung und befüttern zielgenau den Onlineauftritt, den Messestand und die Medien

Das Ergebnis: Die Medien nahmen dieses ungewöhnliche Bild begeistert auf. Die Moleküle waren Thema in den Abendnachrichten der öffentlich-rechtlichen TV-Sender und Rundfunkanstalten.

Der Zustrom zum Messestand wuchs kräftig an, die Onlineplattform *Game over CO_2* wurde mit Content gefüttert und klärte über die Aktion auf.

Bei der Demonstration dabei, oder aktiver Gegendemonstrant gewesen zu sein, war schon allein für sich genommen sicherlich ein ungewöhnliches Erlebnis. Aber viel wichtiger war der Transport der Solon-Kommunikationsbotschaft „CO_2-freie Mobilität ist mit Solon schon heute möglich" sowie der Verweis auf den Solon-Messestand und die Onlineplattform.

Abbildung 9: Messe ECOTEC 2007 in Essen

Wieder wurde ein eventives Format vor allem als Content-Zulieferer genutzt. Zum einen als Besucher-Generator, zum anderen als medialer Baustein und Online-Content-Zulieferer. Das Eventerlebnis war nur ein kleiner Teil der Gesamtaktion. Denn die volle Wirkungsentfaltung erschloss sich den Interessierten erst auf der Messe selbst – so sie nicht über die Medien ohnehin davon gehört hatten.

Noch ein Beispiel: Panasonic – Ein Dorf wird rasiert

Oberammergau, ein kleines Dorf in Bayern. Seit 1634 Schauplatz der berühmtesten Passionsspiele der Welt. Alle zehn Jahre wird das verschlafene Nest Oberammergau zu einem globalen Touristenmagnet. Dann strömen hunderttausende Besucher in den Ort, um den Passionsspielen beizuwohnen. Das Besondere an diesen Spielen tritt jedoch bereits ein Jahr vorher ein: der Barterlass. Er besagt, dass sich die mehr als tausend Oberammergauer Darsteller das gesamte Jahr bis zu den Spielen weder Haar noch Bart schneiden dürfen.

Oberammergau ist dann das haarigste Dorf der Welt!

Die Idee: Wenn der Countdown nach 365 Tagen bei Null angelangt, der letzte Vorhang gefallen, der Applaus für die Passionsspiele verhallt ist, tritt eine speziell geschulte Schar aus Friseuren in Aktion und bringt die Erlösung: Panasonic hilft den Menschen, nach den Passionsspielen ihre Haarmassen wieder loszuwerden. Mit den Haar- und Bartschneidern von Panasonic werden die Haare der Schauspieler wieder auf eine ansehnliche Länge zurechtgestutzt.

Abbildung 10: Beim Friseur nach 365 Tagen

Das Ergebnis: Panasonic präsentierte aus Anlass der Passionsspiele mit dieser Idee auf einzigartige Weise sympathisch den Nutzen seiner Produkte. Mit einem geringen Budget wurden maximale PR-Effekte erzielt. Wieder wurde ein eventives Format als Content-Zulieferer genutzt. In diesem Fall als medialer Baustein. Das Erlebnis vor Ort war nur ein kleiner Teil der Gesamtaktion.

Fazit zur Trojaner-These

Events im herkömmlichen Sinne haben keine Zukunft.

Sie sind vor allem Trojanische Pferde, die den gewünschten Content medienwirksam und zielgenau platzieren.

Das Eventerlebnis selbst ist nicht mehr alles entscheidend. Nur noch, wie es medial eingesetzt und verwertet wird. Obwohl die typische Eventmechanik so lebendig bleibt wie nie, ist es längst nicht mehr so wichtig dabei zu sein. Hauptsache, der Event ist so konzipiert, dass die Verbraucher ihn freiwillig im Netz ansehen, runterladen und verbreiten oder es über die Medien aufmerksam aufsaugen.

Das ist eine kleine Revolution. Das Live-Erlebnis steht nicht mehr im Mittelpunkt, sondern die Story und ihre mediale Inszenierung, die sich eventiver Mechaniken bedient.

Ein Ausblick

Die neue Erfolgsformel: 3 x M.

Multi-Funktionalität

Moderne Events zeichnen sich durch vielseitige Verwendbarkeit aus. Sie begeistern Menschen vor Ort, liefern abwechslungsreichen Content und arbeiten glaubwürdig und nachhaltig für Marken und Produkte.

Multi-Medialität

Moderne Events sind für alle relevanten Kommunikationskanäle konzipiert. Sie sind skalierbar und transportieren Content bzw. eine Geschichte zielgenau zu unterschiedlichen Öffentlichkeiten.

Mulit-Optionalität

Moderne Events sind nicht nur flüchtige Momentaufnahmen. Sie sind so konzipiert, dass die relevanten Zielgruppen mehr als einen Zugang zu ihnen haben können. Zeitlich und räumlich.

Zum Schluss noch ein Appell

Agenturen und Marketingabteilungen: Erobert den Raum, die Herzen und Köpfe der Menschen! Und: Erzählt den Menschen spannende, überraschende, humorvolle und emotionale Geschichten.

4 Globale Live Communication: Herausforderungen und Chancen kultureller Konfrontation

Markenkommunikation international
– welche Inszenierungsstrategien weltweit erfolgreich sind

Von Günter Baumgartner, Siemens AG

Günter Baumgartner begann seine Karriere 1990 bei Siemens als Marketeer für Architekturbeleuchtung. Im Anschluss sammelte er mehrere Jahre Erfahrung in Handelsmarketing und -kommunikation. Neben Marketingleitung und Kommunikationsprojekten für verschiedene Industriegütersparten in den Folgejahren, leitete er in China seine ersten internationalen und lokalen Kommunikations- und Marketingprojekte. Seinen internationalen Erfahrungsschatz baute er mit Aktivitäten für die Regionen USA und Südamerika aus. 1998 wechselte er in die zentrale Unternehmenskommunikation von Siemens nach München, wo er für die Unternehmenswerbekampagne verantwortlich zeichnete. Ferner leitete er die Fortbildungsseminare „Werbekonzeption und Briefing" und agierte auch als Referent. 2001 wurde ihm dann die Kommunikationsleitung des Siemens Unternehmensbereiches „Energieübertragung und -verteilung" übertragen. Diesen Bereich leitete er dann, mit internationaler Verantwortung, bis 2007. Nach der Neuorganisation der Siemens AG in drei Sektoren, im Jahr 2007, leitet er heute die Marktkommunikation für den Sektor Energy.

Live Communication: zentrale Rolle in b2b

Live Communication nimmt bei Investitionsgütern seit langer Zeit eine zentrale Stellung im Instrumentenmix des Marketings ein. Rund 60 % des Kommunikationsbudgets fließt bei Siemens Energy in diesen Kanal. Untersuchungen generell sowie interne Studien zeigen, dass persönliche Kontakte unterstützt durch Plattformen wie Messen, Kongresse und Kundenveranstaltungen oder inszenierte Informations- und Begegnungsstätten neben dem „Senkrechtstarter" Internet heute im Zentrum der Informationskanäle im b2b Kaufentscheidungsprozess stehen. International zeigen sich zwar Unterschiede, die Richtung ist aber relativ einheitlich.

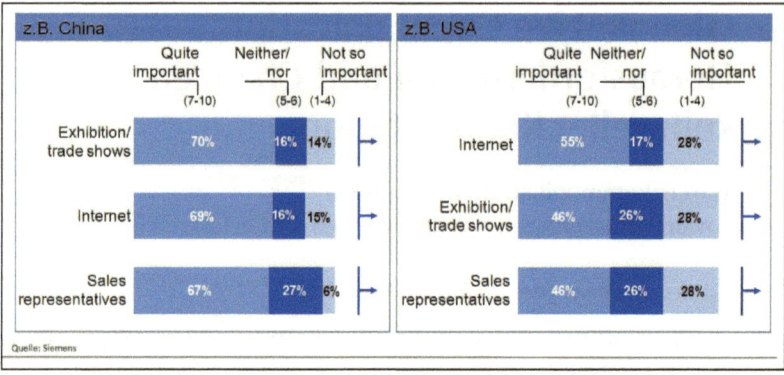

Abbildung 1: Relevanz der Kommunikationskanäle

Das liegt sicherlich auch am Portfolio, das es zu vermarkten gilt. Die Projekte von Siemens Energy sind geprägt durch hohe Investitionsvolumina seiner Kunden und Langfristigkeit. Die Zusammenarbeit in einer Anlage zieht sich häufig über Jahrzehnte, von ersten Projektüberlegungen bis zu ihrer Außerbetriebsetzung. Das Auftragsvolumen und die hohe Bedeutung für den Investor fordern einen intensiven Dialog zwischen Techniklieferant und Kunde sowie mit den häufig beteiligten Consulting Engineers und manch anderen. Es entwickelt sich eine oft langfristige Bindung über den sog. Lifecycle einer Anlage hinweg. Das Geschäft ist bei Investitionsgütern in hohem Maße ein „people business". Live Communication bietet hier eine gute Möglichkeit für den Dialog mit den Zielpersonen. Deshalb nimmt sie in vielen Geschäftsfeldern bei Siemens die Rolle eines Leitmediums ein. Viele Kampagnen werden z. B. um Leitmessen herum konzentriert.

Globale Märkte bestimmen unser Geschäft.

Weite Teile der deutschen Industrie agieren weltweit. Das gilt ganz besonders für Siemens Energy mit 93 % seiner Kunden außerhalb Deutschlands. Die Fähigkeit zu globaler Kommunikation und zum Dialog mit Kunden ist mitentscheidend für den Erfolg.

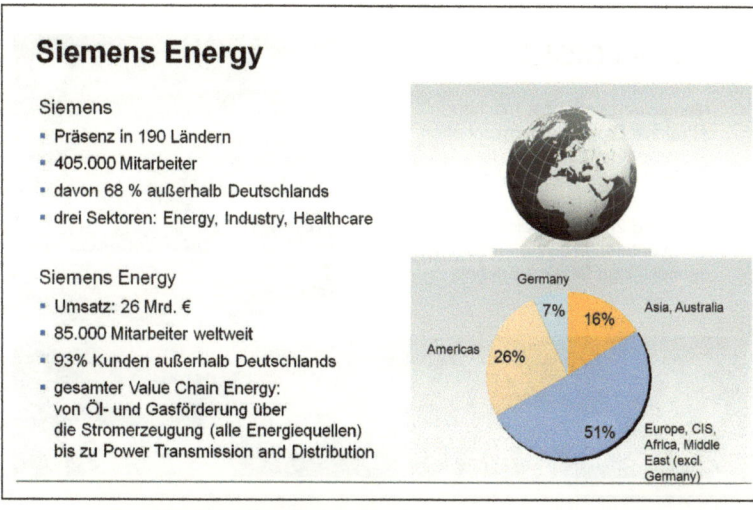

Abbildung 2: Siemens Energy

Erfolgsfaktoren globaler Live Communication

Ein „one-size-fits-all", also weltweit das Gleiche, funktioniert nicht. Vielmehr ist ein Ansatz des „different horses for different courses" angesagt. Und auch das über viele Jahre praktizierte „höher, größer, weiter" hat sich als Fehlorientierung herausgestellt. Nicht die Macht des eingesetzten Geldes ist entscheidend, vielmehr geht es um die Macht von Strategie, Konzeption und Idee. Die nachfolgenden Eckpunkte mögen dies verdeutlichen.

Globale Marken brauchen einen global konsistenten Auftritt

Gerade die Live Communication unterliegt der Gefahr, dass sich kreative Ideen verselbstständigen. Um dies zu verhindern, kommt es Siemens darauf an, dass weltweit alle Veranstaltungen die „Core Values" der Marke Siemens aufgreifen und diese emotional aufgeladen werden. Diese Werte sind „innovative", „responsible" und „excellent". Nur wenn diese Anforderung beachtet wird, zahlt die Live Communication auch auf die Marke ein.

Abbildung 3:   Beispiel Cigre

Nehmen wir zwei Veranstaltungen als Beispiele heraus. Die CIGRE ist die Leitmesse für Power Transmission weltweit. Hier treffen sich die „Market leaders". Dies ist die richtige Plattform, um nicht nur auf dem Messestand Botschaften zu platzieren, die Marke zu profilieren und in den Dialog mit Markt und Politik zu treten. Das Rodin Museum diente Siemens 2006 und 2008 als Ort für eine eigene Kundenveranstaltung – Stichwort „Begegnung im Park". Installationen und Lichtstimmungen machten den besonderen Reiz aus, wie uns Teilnehmer bestätigten, die neben 2008 bereits 2006 teilgenommen hatten. Und natürlich schufen wir dreidimensionale skulpturelle Elemente, schließlich waren wir bei Rodin.

Als zweites Beispiel dient eine Roadshow in Nordamerika. Es ging darum, ein Zukunftsthema der Stromverteilung, sog. smart grids – also intelligente Netze – in USA mit der Marke Siemens zu verbinden. Eine Roadshow, intensiv unterstützt durch weitere Maßnahmen, bildete den Rahmen, um dieses Thema an die Meinungsbildner als Multiplikatoren heranzutragen. Die symbolisierte Weltkugel und eine Projektionsfläche in der ganzen Halbkugel ermöglichen es, nicht nur über Technik zu reden, sondern speziell die Konsequenzen für die Umwelt transparent zu machen.

Abbildung 4:   Beispiel Smart Grid Road Show

Zielgruppen ernst nehmen

Auch wenn bei Investitionsgüter-Kunden ein grundlegend ähnliches Entscheidungsverhalten im Sinne des Strebens nach höchstmöglicher Performance für das eigene Unternehmen weltweit anzutreffen ist, bleiben kulturelle Eigenheiten, die viel kleinräumiger wirken als man sich das mitunter vorstellt. Kultur prägt den Kern jeder Kommunikation. Hier gibt es weltweit große Unterschiede. Zwar zeigen sich mit der Globalisierung eine ganze Reihe an Konvergenzen. Manche sprechen von einer zunehmend einheitlichen Geschäftskultur, nämlich der amerikanischen. Die Realität ist aber viel stärker ausdifferenziert. Ob wir es nun mit der Achtung von hierarchischen Strukturen zu tun haben, der Direktheit in der Argumentation, der Körpersprache, so müssen wir feststellen: die Welt ist „multi-kulti". Und wir Marketingleute tun gut daran, dies zu beachten. Das chinesische Sprichwort „Der Nagel, der herausragt, wird in das Brett gehämmert" kennzeichnet eine kollektivistische Kultur im Gegensatz zu einer individualistischen wie der Amerikanischen. Oder um es mit Frank Sinatra zu sagen: „I did it my way." Es gibt eine Vielzahl an kleinen und mitunter banal erscheinenden Einzelthemen, allerdings mit großer Wirkung: religiöse Aspekte, Alkohol, Speisen, Nacktheit, Farben und ihre Bedeutung, Argumentationsraster und vieles mehr. Gerade dort wo Menschen „face-to-face" zusammenkommen, spielt die Kenntnis solcher kultureller Eigenheiten eine zentrale Rolle.

Abbildung 5: Beispiel Top Kunden-Event Dubai

Stabile Konzeption und klare Botschaften

Was will ich mit der Live Communication erreichen? Studien wie die LiveTrends zeigen, dass im sog. Sales Funnel die Live Communication in den Phasen „Vertrautheit", also Image, und „Loyalität" eine besonders hohe Bedeutung hat. Persönliche Kontakte und Dialog bauen die Brücke von Bekanntheit zum Relevant Set und von Kauf zu Loyalität. Live Communication hat die Fähigkeit, die Entwicklung einer vertrauensvollen Beziehung und eine nachhaltige Bindung entscheidend zu unterstützen.

Klare Ziele, eine sensible Zielgruppenselektion, die Bereitstellung von wertvollen Informationen für die Zielpersonen sowie eine intelligente, konzeptgetreue und attraktive Präsentation, verbunden mit dem nötigen Schuss Emotion, sind die Basis für erfolgreiche Events. Eine durchgängige Idee und eine nachvollziehbare Story sollten eine Veranstaltung tragen. Nur dann wird der Kunde das Gefühl bekommen, tatsächlich ernst genommen und wertgeschätzt zu werden. Wenn nicht Botschaften und Inhalte im Zentrum stehen, sondern die Inszenierung losgelöst vom Kontext steht, wird das Ergebnis kein nachhaltiger Erfolg sein.

Cross mediale Kommunikation ist essentiell

Ich will hier nicht näher auf das wichtige Thema der integrierten Kommunikation eingehen. Nur so viel: Live Communication fordert ein Bündel an Maßnahmen vor, während und nach der Veranstaltung. Hier spielt die Einladung hinein, die Vernetzung mit der Pressearbeit, die angebotenen Informationsmittel und eine klare Vorstellung darüber, wie der Dialog fortgesetzt werden soll.

Abbildung 6: Beispiel Hannover Messe Industrie

Nachhaltigkeit – gerade in der Kommunikation

Anzeigenkampagnen fährt man oder auch nicht. Der persönliche Kontakt kann nicht so leicht an- und wieder abgeschaltet werden. Wir zielen deshalb bei vielen unserer Events auf langfristigen Dialog: Also nicht einmalige Veranstaltungen sondern regelmäßig wiederkehrende Dialogplattformen. Nur so werden Vertrauen und Bindung erzeugt. Ich habe mit dem „Directors' Club" eine Veranstaltung herausgegriffen, die wir für Entscheider aus dem Kraftwerkssektor in Europa 2001 ins Leben gerufen haben und seither alle zwei Jahre durchführen.

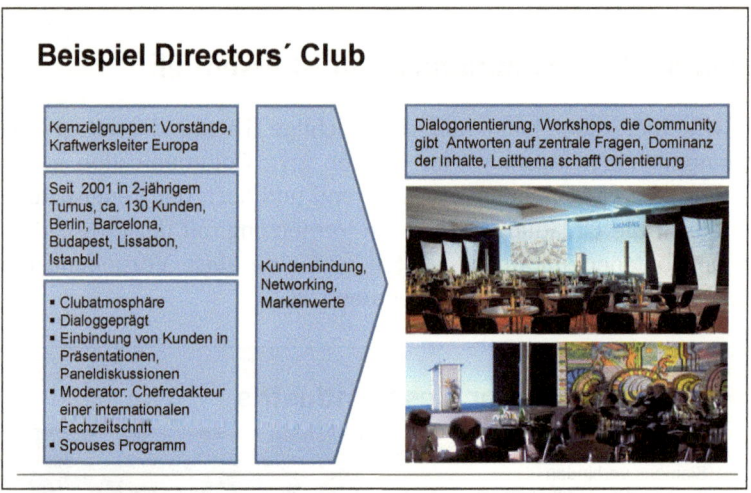

Abbildung 7:   Beispiel Director's Club

Globale Kommunikation fordert globale Strukturen

Es ist geradezu naiv zu glauben, allein aus Deutschland heraus in den Regionen der Welt Kommunikation erfolgreich betreiben zu können. Deshalb setzen wir auf eine enge Zusammenarbeit mit unseren Kollegen in den einzelnen Ländern, integriert in unsere globale Struktur. Gerade Live Communication benötigt eine kulturelle „Erdung". Die Fähigkeit hierzu verlangen wir auch von unseren Agenturpartnern, und ich meine damit nicht nur das „Doing". Unser Weg ist es, global zu denken, globale Strategien zu entwickeln und weltweit einheitliche Prozesse aufzusetzen, jedoch die Konkretisierung der Maßnahmen in enger Einbindung mit denjenigen zu realisieren, die eine Region mit ihren kulturellen Eigenheiten kennen und dort verankert sind.

Die Zusammenarbeit mit Kollegen in diversen Regionen dieser Welt erfordert einen offenen Dialog. Nur so wird verhindert, dass kulturelle Einschätzungen dafür missbraucht werden, eigene Vorstellungen in einem Projekt durchzusetzen.

Konzentration oder der Weg zu höherer Marketing-Performance

Gerade im weltweiten Marketing gerät man leicht in Gefahr, dass man sich durch eine zu große Vielzahl an Einzelaktivitäten „vertändelt" und damit Effektivität und Effizienz der Maßnahmen negativ beeinflusst. Konsequenz bei Siemens ist die sog. Hot Spot-Strategie. Wir setzen klare Schwerpunkte für Live Communication und konzentrieren uns darauf. Damit schaffen wir bei überschaubarem Mitteleinsatz die Voraussetzung dafür, mit unseren Botschaften tatsächlich auch durchzudringen.

Abschließende Bemerkung

Es gibt sicherlich kein klares Strickmuster, das man einfach realisieren muss, um erfolgreich zu sein. Eines ist aber unabdingbar in globalen Geschäften: Aufgeschlossenheit. Dies führt mich abschließend gleichsam zu einer Umformulierung des altbekannten Marketingleitsatzes: „think globally, act locally" und damit zu der Empfehlung: „think glocally, act glocally."

Literatur

Dahl, Stephan: Intercultural Skills for Business. (Abdruck in: www.intercultural-network.de; 2000).

Dams, Vok et al.: Code Rouge. F.A.Z.-Institut für Management-, Markt- und Medieninformation. Frankfurt 2008.

Ingrouille, Mark: KISS. The world of brand communication and advertising in Asia is changing. 2010.

Kirchgeorg, Manfred et. al.: Live Communication Management. Wiesbaden 2009.

Uniplan: LiveTrends 2009/10.

5 Erfolgsfaktor Emotion
– Überzeugung durch Begeisterung

Von Theodoros Reumschüssel, E.ON Energie AG

Theodoros Reumschüssel ist Politikwissenschaftler und Leiter Interne Kommunikation bei E.ON Energie. Er verantwortet in dieser Funktion auch die Führungskräfte-Kommunikation und HR-Kommunikation des Unternehmens. Auf die Berufserfahrung als Journalist und die Ausbildung als Public Relations Berater (DAPR) aufsetzend, entwickelte er für E.ON Energie verschiedene Kommunikationsformate, die die persönliche Kommunikation in den Mittelpunkt stellen und einen nachhaltigen Einfluss auf die Unternehmenskultur haben.

„Money matters" sagte einst Milton Friedman (Friedman/Schwartz 1963) und brachte damit formelhaft zum Ausdruck, dass die Geldmenge – anders als von Keynes davor behauptet – sehr wohl einen großen Einfluss auf den Konjunkturzyklus hat.

„Das Gefühl macht's." So etwa würde die Formel auf das Gebiet der internen Kommunikation angewendet lauten. Tatsächlich braucht auch diese Erkenntnis noch etwas Rückenwind, um sich in der angeblich so rationalen, nur auf Fakten und Informationen fixierten Welt im Inneren von Unternehmen und Organisationen durchzusetzen. Aber es gibt Erkenntnisse, die sich nicht aufhalten lassen und der Blätterwald ist schon voll von Publikationen, die recht treffsicher den Gefühlen der Mitarbeiter eine entscheidende Rolle für Qualität und Effizienz des Miteinanders und das Gelingen oder Scheitern von Veränderungsprozessen zuordnen.

Wiederentdeckung der Sinnlichkeit

So bringt der ehemalige MIT Professor Dan Ariely ein Buch heraus mit dem Titel: „Fühlen nützt nichts, hilft aber" und führt dort den Nachweis, dass wir bei weitem nicht so rational denken und handeln, wie wir meinen. Und Boston Consulting – auch keine Verbindung von gefühlsduseligen Bauchentscheidern – weist in der Studie „Creating People Advantage" (BCG 2008) nach, „...dass sich die Mitarbeiter in den Unternehmen emotional wohlfühlen, ist heute wichtiger als je zuvor."

Der Harvard Business Manager assistiert und titelt „Emotionale Manager sind bessere Strategen" (www.harvardbusinessmanager.de/heft/artikel/a-725356-druck.html) und Kienbaum schließlich sieht die „Ansprache emotionaler Unsicherheiten der Mitarbeiter" in den Top Fünf der wichtigsten Erfolgsfaktoren für Change Communication (Kienbaum 2010). Wir sind also in guter Gesellschaft, wenn wir uns mit der Rolle von Emotionen in der internen Kommunikation näher beschäftigen.

„Kommunikation ist die Kunst, Überzeugungen auf andere zu übertragen" sagt Rupert Lay und Saint Exupery wird das Zitat zugeschrieben: „Wenn Du ein Schiff bauen willst, so trommle nicht Männer zusammen, um Holz zu beschaffen, Werkzeuge vorzubereiten, Aufgaben zu vergeben und die Arbeit einzuteilen, sondern lehre die Männer die Sehnsucht nach dem weiten endlosen Meer." Gefühle wie hier die Sehnsucht sind also der entscheidende Hintergrund für Handlungen. Sie sind unsere unbewussten Motivatoren, die uns die Kraft geben, Ziele zu verfolgen und die unser Wollen und letztlich auch unser Tun beeinflussen. In unserem Unternehmensblog fand ich folgende Aufstellung eines Bloggers unter der Rubrik „Reasons to work":

" 1. For the money.
  2. To be challenged.
  3. For the pleasure/calling of doing the work.
  4. For the impact it makes on people you interact with.
  5. For the reputation you build in your team, with your customers and your boss.
  6. To solve problems and sort things out.
  7. To be part of a group of people that are making a difference.
  8. To be appreciated.
  9. For the lovers we meet, the friends we make, the smiles we have.
  10. The money.

Why do we always focus on the first (and last)? Why do we advertise jobs or promotions as being ‚generic' on items 2 through 8 and differentiated only by #1 and #10? In fact, unless you're a drug kingpin or a Wall Street trader in your spare time outside of the company, my guess is that the other factors are at work every time you think about your work. Sure, we all need to pay the bills, but work is that and much more."

Ich finde, das ist ein gutes Abbild dessen, was uns wirklich bewegt. Wer also die Menschen wirklich erreichen will, darf Emotionen und Faktoren aus dem Bereich der sogenannten „soft Facts" als Motivatoren nicht vernachlässigen, denn niemand verlässt allen Ernstes morgens sein Haus und seine Familie wegen der Powerpoint Präsentation, den Zahlen, des Berichts. Nein, er geht in die Arbeit wegen der Menschen, die er mag, denen er sich verpflichtet fühlt, vor denen er Respekt hat, dessen Anerkennung und Bestätigung er haben will. Fragen Sie Menschen, die nur von zu Hause aus arbeiten, was ihnen am meisten abgeht und fragen Sie Mütter und Väter, die sich jahrelang ausschließlich den Kindern gewidmet haben: Die Anerkennung durch das externe Umfeld kommt zu kurz. Auch die gute alte Bedürfnispyramide von Maslow gibt uns über diesen Zusammenhang Auskunft: Ganz oben stehen die sozialen Bedürfnisse, die Wertschätzungsbedürfnisse und schließlich das Bedürfnis nach Selbstverwirklichung. Die empirischen Beweise für die Rolle der Emotionen sind also längst da. Es ist also an der Zeit, aus dieser Erkenntnis, richtiges Handeln abzuleiten aber dabei auch nicht zu übersteuern. Fakten und Emotionen gemeinsam sind die wichtigsten Faktoren in der internen Kommunikation. Auf die richtige Mischung kommt es an. Wenn Fakten und Emotion in der Gestaltung der Mitarbeiterkommunikation gut Hand in Hand greifen, kann Kommunikation gelingen.

Kommunikation ist nützlich, hilft aber nichts...

... wenn sie nur einseitig auf Fakten konzentriert ist – abgesehen von den eingebauten Schwierigkeiten, die den menschlichen Informationstransfer zu einem hochkomplexen Unterfangen machen. Schulz von Thun (2005) hat das unter der These, „die ankommende Nachricht ist ein Machwerk des Empfängers" gut dargestellt.

Heutzutage ist Kommunikation an die Mitarbeiter meist Veränderungskommunikation. Neue Strukturen, Arbeitsabläufe, neue Anteilseigner, Partner, neue Märkte, neue Produkte, neue Strategien, neue Vorgesetzte und so weiter. Menschen, die ihr Geld als Angestellte in Unternehmen und Organisationen verdienen, kennen das. Manch einer führt im Geist Listen („der fünfte Vorgesetzte in zehn Jahren, meine dritte Fusion, mein fünftes Unternehmensleitbild") oder wartet nur noch ab, „welche Sau jetzt wieder durchs Dorf getrieben wird". Unternehmen heißt aber auch verändern und so ist die Kommunikation, die die Veränderung begleitet und die Mitarbeiter „mitnehmen" soll, heute an der Tagesordnung. Auch dieses besondere Aufgabenfeld der Veränderungskommunikation ist mittlerweile recht gut erforscht. „Menschen wehren sich nicht gegen Veränderungen, sondern dagegen verändert zu werden", sagt Peter Senge[*] und deutet damit emotionale Barrieren an, die der Veränderung in den Weg gestellt werden. Eine Übersicht und entsprechende Einordnung zeigt die nachstehende Darstellung:

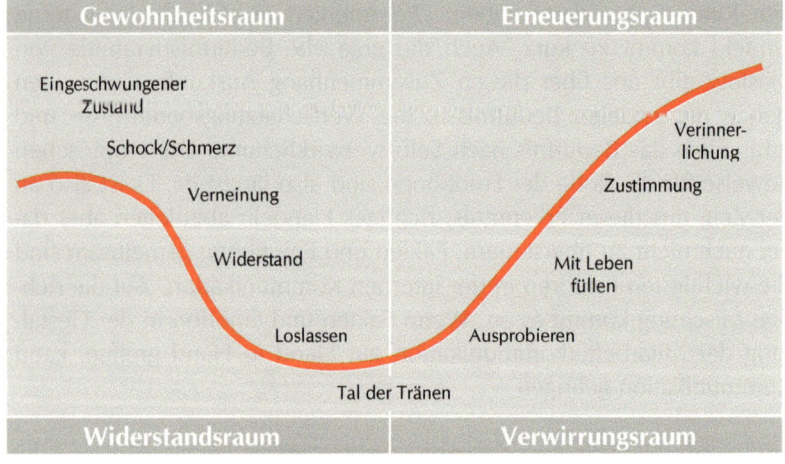

Abbildung 1:   Veränderungskurve

Quelle: E.ON Energie AG & change FACTORY GmbH München; vgl. auch Wagner 2010

Die entlang dieser Verlaufskurve vermerkten Hindernisse sind allesamt emotionaler Natur und es kann einfach nicht gelingen, diesen Widerständen nur rationale Antworten entgegen zu halten. Aufgabe der Internen Kommunikation ist es deshalb, die Fahne der Emotion ange-

---

[*]   *(Peter M. Senge* (* 1947 in Stanford) ist Direktor des 1991 gegründeten Center for Organizational Learning an der MIT Sloan School of Management in Cambridge)

messen hochzuhalten und deutlich zu machen, dass Veränderungskommunikation nur dann sinnvoll konzipiert ist, wenn Sie soft facts und hard facts gleichermaßen anspricht. Wenn sich Systeme, Prozesse, Produkte und Strategien ändern, müssen Verhalten, Fähigkeiten, Überzeugungen und Identität sich im Gleichklang ändern. Die Veränderungskommunikation muss stets beide Aspekte im Auge haben und deutlich machen, dass erst Aufstellung und Einstellung gemeinsam ein erfolgreiches Team bilden. Lassen Sie uns das an einem Fußballbeispiel durchgehen: Stellen Sie sich vor, Sie platzieren elf hervorragende Spieler auf dem Platz. Die beherrschen den Ball gut (das sind die Tools und Systeme), sind tolle Stürmer oder Abwehrspieler und wissen, wo auf dem Spielfeld sie sich aufzuhalten haben und wer an welcher Stelle auf den Pass wartet (Struktur, Prozesse, Schnittstellen). 11 Spieler, die die Abwehrfalle aus dem FF beherrschen und viele erfolgreiche Spiele hinter sich haben. Sie geben das Ziel aus und definieren die Strategie – sonst nichts. Wird diese Mannschaft erfolgreich sein? Ja, aber erst wenn es gelingt, sie zu motivieren (Verhalten) eine Spieleinstellung zu erzeugen (Haltung) und ihnen das Gefühl zu geben, dass Sie ein Team sind (Identität), das für den gemeinsamen Erfolg kämpft.

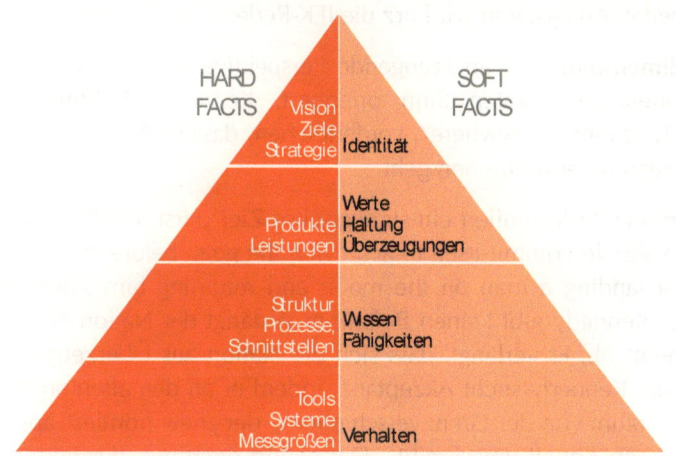

Abbildung 2: **Auf**stellung und **Ein**stellung: Gemeinsam sind sie unschlagbar

Quelle: E.ON Energie AG & change FACTORY GmbH München; vgl. auch Wagner 2010

„Großes Kino": Überzeugen durch Begeisterung – Lehrbuchmäßig

Kennen Sie den Satz „First, I believe that this nation should commit itself to achieving the goal, (...) of landing a man on the moon and returning him safely to the earth" (http://australianpolitics.com/usa/historic/61-05-25_kennedy-moon-speech.shtml)?

Ja, es ist John F. Kennedy und er formulierte diesen Satz am 25. Mai 1961 bei seiner berühmten Rede an die Kongressabgeordneten. Den Vereinigten Staaten ging es damals richtig schlecht. Am 12. April war Juri Gagarin als erster Mensch in der Erdumlaufbahn. Ein herber Rückschlag im Space Race und am 17. April scheiterte die Invasion Kubas kläglich in der Schweinebucht. Und dann stellt sich einer hin und schlägt so selbstbewusste Töne an und die Nation folgt ihm! Wie konnte das gelingen? Es ist die richtige Kombination von Fakten und Emotionen. Es ist die Fähigkeit zur Empathie und es ist natürlich auch die persönliche Wirkung des Redners. Schon Aristoteles hat Ethos (Verhalten Persönlichkeit), Pathos (Wohlwollen, Mitfühlen) und Logos (Klarheit, Plausibilität) als wichtige Quellen der Überzeugungskraft herausgearbeitet. Analysieren wir kurz die JFK-Rede:

Sinndimension: Eine überzeugende Perspektive ist an etwas Großem, an einem bestimmten Sinn orientiert. Kennedys Eröffnungsworte „minds of men everywhere", verdeutlichen, dass es ihm um die Köpfe und Herzen der Menschen geht.

Akzeptanz: Er formuliert ein strategisches Ziel „First, I believe that this nation should commit itself to achieving the goal, before this decade is out, of landing a man on the moon and returning him safely to the earth." Kennedy gibt keinen Befehl, er verlangt der Nation ein „committment" ab. Er verlangt, dass sich die Nation aus Überzeugung verpflichtet. Kennedy sucht Akzeptanz, indem er an den alten amerikanischen Traum von der Grenzverschiebung, der „new frontier" appelliert und diesen Appell umschreibt: „Das gehört doch uns, das können wir uns doch nicht von den Sowjets wegnehmen lassen."

Realismus: Eine Perspektive wird durch das Aufzeigen eines realistischen Programms von einer vagen Vision getrennt. Kennedy geht in seiner Rede ins Detail, beschreibt, welche Programme mit wie viel

Geld gefördert werden sollen. Er gibt durch seine genaue Kenntnis der relevanten Details seinen Zuhörern zu verstehen, dass die Aufgabe tatsächlich machbar ist, wenn man die Ressourcen bündelt und konsequent handelt. „... a course which will last for many years and carry very heavy costs: 531 million dollars in fiscal '62..."

Verkörperung: Eine Perspektive muss glaubhaft durch eine Führungsperson verkörpert werden. Verkörperung bedeutet die Verbindung der Sache und der Person (vgl. v. Oetinger 2006).

Zugegeben – das ist richtig großes Kino und wir als Kommunikationsleute sollten uns hüten, allzu leichtfertig zu diesem großen Besteck zu greifen. Ich habe an diese Rede erinnert, weil ihre Wirksamkeit eben auf die schon von Aristoteles identifizierten Faktoren Logos, Ethos, Pathos zurückgeht.

Was können wir tun?

Nicht nur in der Politik, sondern auch in Organisationen sind die Menschen vom Format eines JFK selten und nicht jedes Thema eignet sich für die große Überzeugungsrede. Was können wir im Alltag in Sachen Veränderungskommunikation tun? Zum einen sollten wir uns stets an die erprobten und bestätigten Prinzipien unserer Profession halten und Kommunikation sauber planen. Nicht die gerade noch erfolgsgekrönten Feuerwehreinsätze machen gute Kommunikation aus, sondern Vorwärtsintegration in die Unternehmensstrategie. „Was steht auf der Agenda und was bedeutet das für die Mitarbeiter" sollte die zentrale Frage sein. Als Kommunikatoren haben wir das Ohr an der Mitarbeiterschaft. Wir können erkennen und übersetzen, dass sich hinter sachlichen Zustandsbeschreibungen wie etwa „Zielkonflikt" Angst, Frustration und Orientierungslosigkeit versteckt. Wir müssen Formate schaffen, in denen Gefühle angesprochen werden können und wir müssen über starke Verbündete und Vorbilder im Unternehmen ein Klima schaffen, in dem sich die Mitarbeiter das auch trauen. Das heißt, dass wir darauf verzichten „Botschaften" zu transportieren, sondern Möglichkeitsräume schaffen, in denen offene Kommunikation stattfinden kann. Trumpf sind die persönlichen Formate, aber bitte nicht als Frontalveranstaltung. Improvisierte Talk-Runden in der Mitarbeiter-Cafeteria bei denen Kolleginnen und Kollegen zu Wort kommen, die echte Erfahrungen aus dem operativen Geschäft haben, sprechen den Mitarbeitern immer noch eher aus der Seele als ein noch so einfühlsamer Chef. Wenn es ihnen gelingt, die Riege derer, die üblicherweise die Ansprachen halten, als Gäste und Zuhörer einzubinden, haben Sie gewonnen. Vielleicht wirkt für dieses ehrgeizige Unterfangen das Argument, dass man Neues nur durch Zuhören erfährt – nicht durch Reden.

Versuchen Sie es. Viel Erfolg.

Literatur

Boston Consulting Group: Creating People Advantage – Trends 2008. Zitate auf Basis des deutschen Executive Summary 2008.

Friedman, Milton/Schwartz, Anna: A Monetary History of the United States. Princeton University Press 1963.

Kienbaum: Change Communcation – Studie 2010. http://changekommunikation.wordpress.com

Schulz v. Thun, Friedmann: Miteinander reden: Kommunikationspsychologie für Führungskräfte. 42 Aufl., Reinbeck bei Hamburg 2005.

von Oetinger, Bolko: Hänsel und Gretel und die Kuba Krise. München 2006.

Wagner, Eike: Wie erfolgreiche Veränderungskommunikation wirklich funktioniert?! Berlin 2010.

6 Kreativität statt Kohle
– Querdenken ist angesagt

Von Nils Haupt und Carolin Biebrach, Lufthansa Cargo AG

Nils Haupt ist Leiter der Unternehmenskommunikation der Lufthansa Cargo AG. Er verantwortet damit die klassische Medien- und Öffentlichkeitsarbeit sowie die interne Kommunikation des Unternehmens. Seit 1. Februar 2010 umfasst sein Aufgabengebiet zusätzlich die Marketing-Kommunikation. Nils Haupt ist Lehrbeauftragter für Public Relations bzw. Unternehmenskommunikation an der Universität Leipzig und der Technischen Universität Dresden. Von 2000 bis 2002 war er als Leiter Unternehmenskommunikation bei der Landesbank Sachsen Girozentrale in Leipzig tätig. In dieser Funktion war er für das Marketing sowie für die interne und die externe Kommunikation der Sachsen LB verantwortlich. Nach Beendigung seines Studiums war er vier Jahre für verschiedene Werbe- und PR-Agenturen im Rhein-Main-Gebiet als Texter und Berater tätig. Von 1993 bis 2000 arbeitete er beim Mitteldeutschen Rundfunk in Leipzig und Dresden in verantwortlichen Positionen als Hörfunk- und Fernsehjournalist – als Redakteur, Reporter, Produzent und Projektleiter.

Carolin Biebrach ist Assistentin der Unternehmenskommunikation der Lufthansa Cargo AG. 2010 schloss sie ihr Studium der Kommunikations- und Medienwissenschaften mit Schwerpunkt im Bereich Public Relations/Öffentlichkeitsarbeit an der Universität Leipzig ab.

Einleitende Worte

In der heutigen Welt der Kommunikations- und Informationsflut sowie im Kampf um Aufmerksamkeit der verschiedensten Zielgruppen nehmen Veranstaltungen wichtige Funktionen wahr. Sie können unter anderem Mitarbeiter motivieren, Journalisten informieren und Kunden an ein Unternehmen binden. Eines haben Events aber gemeinsam – Sie kosten eine Menge Geld; meistens jedenfalls. Meetingräume in Hotels müssen gebucht werden und das passende Service-Personal und Catering gibt es auch nicht gratis dazu. Aber warum dann nicht das knapp bemessene Budget schnappen und ein Event veranstalten, welches den Teilnehmern im Gedächtnis bleibt – fernab von 5-Sterne-Standardhotels, Gourmet-Menüs und übertreuerten Moderatoren – Lemuren aus den Untiefen des deutschen Fernsehens.

Eine Event-Location kann Werte sowie Botschaften vermitteln und zudem dazu beitragen, sich von der Flut an Veranstaltungen, die auf so manchen Journalisten und Kunden einprasseln, zu differenzieren. Kreativität statt Kohle lautet das Motto der Lufthansa Cargo AG bei der Wahl des Veranstaltungsortes und fordert damit zum Querdenken auf. Denn: Emotionalisierung ist nicht immer eine Frage des Geldes, sondern oft einfach eine Frage der kreativen Ideen.

Der folgende Beitrag soll zeigen, welche Aufgabe die Location im Rahmen des Eventmanagements einnimmt und wie die praktische Umsetzung bei der Lufthansa Cargo AG erfolgt.

Theoretische Grundlage

Events sind nach Bentele inszenierte Ereignisse oder Sachverhalte, „deren Hauptziel es ist, öffentliche bzw. mediale Aufmerksamkeit bzw. Publizität durch Medienberichterstattung zu induzieren" (Bentele 2005, S. 582). Eventmanagement beschreibt dabei die „strategisch geplante Generierung solcher Events" (ebd.). Dabei gibt es verschiedenste Arten von Events:

- Öffentliche Events: Presse-Events, Tag der offenen Tür
- Unternehmensevents: Hauptversammlungen, Produkteinführungen
- Mitarbeiterevents: Seminare, Workshops, Assessment-Center, Get-Together
- Konsumenten-Events: Road-Shows, Kick-Off-Events, Promotion-Events
- Messe-Events: Ausstellungen, Messen, Foren, Kongresse, Tagungen
- Sozio-kulturelle und Wohlfahrts-Events: Spenden- und Gesellschaftsevents, Fan-Events
- Sonstige Events: Konzerte, Sportevents

Ziel von Events ist es unter anderem, Kunden an eine Marke oder ein Produkt zu binden, Mitarbeiter zu motivieren und den Absatz des Unternehmens zu fördern (Klein 2009, S. 11f.).

Die Location kann dabei für eine Veranstaltung den gewissen Mehrwert bieten. Deshalb sollte bei der Wahl des Veranstaltungsortes nicht nur auf die logistischen Vorzüge geachtet werden, sondern auch in Betracht gezogen werden, inwiefern das passende Ambiente mittels der Location erzeugt werden kann (Anderson 2010, S. 125). Ein einzigartiger Veranstaltungsort sollte stets der erstbesten Wahl vorgezogen werden (ebd.).

Die Wahl der Location ist dabei von mehreren Faktoren abhängig. Diese sind unter anderem:

- Geografische Lage
- Quadratmeterzahl
- Meetingräume
- Übernachtungsmöglichkeiten
- Möglicher behindertengerechter Zugang
- Catering
- Vertragliche Rahmenbedingungen (ebd., S. 126)

Generell empfiehlt Anderson, bei der Wahl der Eventlocation über den Tellerrand hinaus zu schauen. Mit ein bisschen Vorstellungsvermögen kann man tolle Orte mit einzigartigem Ambiente entdecken (ebd., S. 128).

Die Unternehmenskommunikation der Lufthansa Cargo AG

Die Lufthansa Cargo AG ist eines der weltweit führenden Luftfrachtunternehmen. Das 1994 als Tochter des Lufthansa Konzerns gegründete Unternehmen beschäftigt derzeit etwa 4500 Mitarbeiter an internationalen Standorten. Ihre Kapazitäten vermarktet das Unternehmen dabei über die eigene Frachterflotte bestehend aus 18 MD-11F sowie Kapazitäten der Lufthansa Passage Airlines, den so genannten Belly-Kapazitäten.

In der internen und externen Kommunikation wendet sich die Lufthansa Cargo AG an eine Vielfalt von Zielgruppen: Kunden, Partner, Mitarbeiter, die politische Öffentlichkeit und die Standortöffentlichkeit, Führungskräfte sowie Journalisten sind nur einige von ihnen. Um mit diesen Zielgruppen entsprechend intern und extern zu kommunizieren und mit Informationen zu versorgen, stehen dem Luftfrachtunternehmen zahlreiche Kanäle und Kommunikationsmittel zur Verfügung.

In der externen Kommunikation zählen dazu auch, neben der klassischen Pressemitteilung, die Bearbeitung von nationalen und internationalen Anfragen von Journalisten, Kunden und interessierten Bürgern zum Tagesgeschäft. Weiterhin gibt es gesonderte Publikationen für Kunden, Medien und die breite Öffentlichkeit. Dazu zählen unter anderem das Kundenmagazin „Planet" und der monatliche Newsletter. Auch der Jahresbericht ist eines der externen Printmedien. Zusätzlich beinhaltet die externe Unternehmenskommunikation der Lufthansa Cargo AG die Betreuung von Film-, Fernseh- und Foto-Teams. Für Kunden und Bürger werden Führungen über das Lufthansa Cargo Gelände angeboten, wie beispielsweise am jährlichen „Tag der Logistik". Ein weiterer wichtiger Aspekt der externen Kommunikation ist das Veranstalten diverser Events. Hierzu zählen unter anderem Pressekonferenzen für Journalisten, anderweitige Journalistenevents, aber auch Veranstaltungen für Kunden und die interessierte Öffentlichkeit.

Auch die interne Kommunikation bedient sich des Mittels des Events. So sind Mitarbeiterveranstaltungen, neben internen Publikationen, dem Intranet und einem internen Weblog, die wichtigsten Mittel der internen Kommunikation. An welchen Grundsätzen sich ein Event bei dem Luftfrachtunternehmen zu orientieren hat, wird im Folgenden erläutert.

Hochwertigkeit und Innovationsführerschaft
– zwei Prämissen

Ein Event der Lufthansa Cargo AG zeichnet sich vor allem durch zwei Grundsätze aus: Hochwertigkeit und Innovationsführerschaft. Diese Prämissen sind nicht nur der Kern des Selbstverständnisses des Unternehmens und dessen Marke, sondern spiegeln sich auch in der Organisation von Events wider.

Die Luftfrachtbranche ist eine sehr volatile Branche. Mit Umsatzrenditen von um die zwei Prozent dürfen Events nicht überzogen sein, ansonsten würde der Besucher den Eindruck eines „aufgesetzten Posens" bekommen. So muss es mit geringem Budget gelingen, große Wirkung zu erzielen.

Speziell in Zeiten der permanenten Informationsüberflutung in Redaktionen und dem erhöhtem Kampf um Aufmerksamkeit seitens Unternehmen werden die Prämissen Hochwertigkeit und Innovationsführerschaft bei der Ausrichtung von Events zum Schlüssel des Erfolgs.

Journalisten sind von Unternehmen stark umworbene Zielgruppen. Zahllose Einladungen zu Pressekonferenzen und anderen Events erreichen die Redaktionen von Tageszeitungen, Wochenzeitungen, Magazinen sowie Rundfunk- und Online-Medien. Dementsprechend muss der Journalist eine Auswahl treffen, welche Einladungen von Unternehmen er annimmt und welche er ablehnt. Während sich Jahrespressekonferenzen in Meetingräumen von Hotels lediglich über Sitzordnungen, Lichtsetzung und Hotelnamen differenzieren, kann für den Journalisten durch eine andere Locationwahl ein Mehrwert geschaffen werden. Lufthansa Cargo hat es sich zum Ziel gemacht, bei jedem veranstalteten Event dem Journalisten, Kunden oder Mitarbeiter einen Erlebniswert zu vermitteln und die Marke der Lufthansa Cargo greifbarer zu machen.

Dabei spielen bei der Wahl des Veranstaltungsortes weitere Aspekte eine entscheidende Rolle. Zwar ist die Lufthansa Cargo ein Unternehmen, das „über den Wolken operiert", doch ist bei der Umsetzung eines Events auch ein gewisser Grad an Bodenständigkeit gewünscht. Dies spiegelt sich nicht zwangsläufig in der Locationwahl wider, denn da geht es durchaus gern hoch hinaus, allerdings bei anderen Elementen eines Events, wie etwa Catering oder auch Give-Aways bleibt man „down to earth". Zusätzlich will sich das Luftfrachtunternehmen stets Authentizität und Originalität bei der Ausgestaltung ihrer Events bewahren.

Mit Hilfe dieser Grundsätze gelingt es, Themen zu emotionalisieren und die entsprechenden Zielgruppen dafür zu sensibilisieren. Weiterhin sollen Sympathie und Bindung zum Unternehmen erlangt werden. Vor allem intern gilt es, den „Cargo Spirit" – also den Teamgeist – zu stärken. Generell sollen Events der Lufthansa Cargo zusätzlich dazu beitragen, das Deutschlandbild positiv zu prägen.

Um diese Ziele zu erreichen sowie die Hochwertigkeit und Innovationsführerschaft des Unternehmens zu betonen, bieten Events der Lufthansa Cargo seinen Zielgruppen bestimmte Erlebniswelten. Diese werden im Folgenden erläutert.

1. Der Reiz des Verbotenen

Erlebniswelten werden bei Lufthansa Cargo über verschiedene Elemente geschaffen. So finden Events oft an „unzugänglichen" Locations statt. Wer war als Kind nicht versucht, doch heimlich in den Schrank der Eltern mit den versteckten Geburtstags- oder Weihnachtsgeschenken zu schauen? Das Verbotene oder Unzugängliche übt stets einen subtilen Reiz aus.

Auch in der Branche der Luftfahrt und Luftfracht gibt es zahlreiche dieser „verbotenen" Orte. Sei es in einem Flugsimulator, einem Tower der Deutschen Flugsicherung oder in einer Wartungshalle – die Veranstaltungsorte sind für den „Normalbürger" meist nicht zugänglich. So auch ein ehemaliger Militärflugplatz der U.S.-Luftwaffe, der als Location für ein Vorabendevent der Jahrespressekonferenz auserkoren wurde.

Am „Tag der Logistik", jährlich am 14. April, gewährt Lufthansa Cargo interessierten Bürgern auch einmalige Einblicke in die Arbeit des Unternehmens. Dabei wird den Gästen bei Führungen gezeigt, wie die Arbeitsabläufe im „Herzen der Lufthansa Cargo", dem Lufthansa Cargo Center ablaufen. Auch außerhalb dieses speziellen Tages bietet das Unternehmen auf Anfrage Gruppenführungen für Logistikinteressierte an.

Die Lufthansa Cargo ermöglicht seinen Zielgruppen damit die einzigartige Gelegenheit, einen Blick in diese unbekannten Orte zu erhaschen und Eindrücke aus der Branche und dem Inneren des Unternehmens zu gewinnen.

Zudem gewährt das Unternehmen auch gern interessante Einblicke fernab der Branche. So wurden Events bereits in einem Dialogmuseum veranstaltet, welches von blinden Menschen geführt und gestaltet wurde. Kurios wurde es auch bei einer Veranstaltung des Vertriebs, wo Journalisten in einen Transvestitenclub geladen wurde – eine Maßnahme der Horizonterweiterung.

Lufthansa Cargo wagt also stets den Blick über den Tellerrand hinaus.

2. Über den Wolken

Eine weitere Erlebniswelt des Unternehmens ist die Nähe zum Produkt. Oft wird von der Faszination des Fliegens gesprochen, so mancher möchte hoch hinaus. Auch hier macht das Unternehmen diese Faszinationen erlebbar. Ein wichtiger Faktor dieses Erlebniswertes ist das Fluggerät selbst. So finden Events der Lufthansa Cargo oft am Flughafen, oder sogar auf dem Vorfeld selbst statt.

Kunden, Journalisten und andere Interessierte bekommen Dank des Unternehmens die Möglichkeit, eine MD-11 von Innen zu sehen, einmal die Größe eines Triebwerkes vor Augen zu haben und sich selbst am Starten und Landen eines Flugzeuges im Simulator zu erproben. Auch das Dinieren unter einer Tragfläche eines Flugzeuges ist bei Events der Lufthansa Cargo kein Problem. Neben dieser Nähe zum eigentlichen Produkt – nämlich dem Flugzeug – übt auch dessen Umgebung einen Reiz aus. Nicht umsonst wurde das Gefühl „Über den Wolken" besungen. Auch Lufthansa Cargo gibt seinen Zielgruppen die Möglichkeit, die Dinge einmal von oben zu betrachten. Viele Event-Locations sind deshalb in luftiger Höhe angesiedelt. So fanden Veranstaltungen bereits in der SkyLounge des Frankfurter Air-Mail-Centers statt; die Bilanzpressekonferenz aus dem Jahr 2008 tagte in der obersten Etage des Main-Towers, aber auch Fahrten im Heißluftballon zählen zum Repertoire über den Wolken.

Das Erleben von Flugzeug, des Fliegens und sich in luftigen Höhen zu befinden macht die Lufthansa Cargo über ihre Wahl der Veranstaltungsorte für ihre Zielgruppen wahr.

3. Gelebte Internationalität

Über 300 Destinationen weltweit bedient die Lufthansa Cargo AG. Damit einhergehend finden auch Veranstaltungen auf internationaler Ebene statt. Hierbei legt das Unternehmen besonderen Wert auf die länderspezifische Ausrichtung. Wird beispielsweise zum „Lufthansa Festival of Baroque Music" nach London eingeladen, so gehört ein traditioneller British Afternoon Tea auf die Agenda. Treffen sich die größten Kunden des Unternehmens zu einer gemeinsamen Veranstaltung in Venedig, ist ein Liedchen auf einer venezianischen Brücke in entsprechender Gondolieren-Kluft Pflicht.

Manchmal wagt man aber auch den „externen" Blick auf eine fremde Kultur. So wurde auf einer Messe in China eben nicht mit chinesischer Musik und chinesischem Essen aufgewartet. Stattdessen wartete auf die Teilnehmer ein Vortrag des China-Experten Georg Blume, Korrespondent der *Zeit* in China. Fazit des Abends: Rekordbeteiligung.

Aber auch bei in Deutschland auszurichtenden Veranstaltungen wird viel Wert auf den regionalen Charakter gelegt. Auch hier spielt die Auswahl der Location erneut eine entscheidende Rolle. Ob im Leipziger Museum der Bildenden Künste, oder im Kloster Eberbach im Rheingau – für Veranstaltungen wählt das Unternehmen stets sehenswerte Orte aus. Dabei versteht sich die Lufthansa Cargo AG vor allem als Kulturvermittler und stärkt das Deutschlandbild bei ausländischen Gästen. Eventlocations haben von daher oft eine historische Bewandnis, wie etwa das Schloss Bad Homburg, welches als Sommersitz des deutschen Kaisers fungierte. Aber nicht nur Kulturverständnis und Vermittlung sind Ziel von Veranstaltungsorten der Lufthansa Cargo AG, sondern auch der allgemeine Kulturaustausch, wie beispielsweise bei einem so genannten Live-Cooking. Beim gemeinsamen Kochen im Wettbewerb zeigen sich schnell kulturelle Gemeinsamkeiten und Unterschiede. Zusammenfassend gilt also dreierlei: Kulturverständnis, Kulturvermittlung und Kulturaustausch.

Fazit

Events müssen einzigartig sein. Durch Veranstaltungen haben Unternehmen die Möglichkeit, das Unternehmen, die Marke und das Produkt den Zielgruppen näher zu bringen. Hierfür müssen Produkte aber greifbar und erlebbar gemacht werden.

Damit Veranstaltungen also das gewisse Etwas vermitteln und sich von den oft zitierten Standardhotels abheben, muss sich ein Unternehmen darüber im Klaren sein, was der Reiz der Branche und des Produktes ist. Mit diesem Wissen können gezielt Eventlocations gewählt werden, die für die Zielgruppe nicht nur interessant und informativ sind, sondern ein Erlebnis darstellen, welches man nicht missen möchte. Gelingt dies, ist das Querdenken – Kreativität statt Kohle – gelungen.

Literatur

Anderson, Judy L. : Event Management Simplified. Bloomington 2010.

Bentele, Günter: Event. In: Bentele, Günter/Fröhlich, Romy/ Szyszka, Peter (Hrsg.): Handbuch der Public Relations. Wissenschaftliche Grundlagen und berufliches Handeln. Wiesbaden 2005.

Klein, Christoph: Eventmanagement in der Praxis. Bonn 2011.

7 Wie finde ich die passende Agentur?

Von Oliver Klein, cherrypicker

Oliver Klein gründete 2001 cherrypicker, die mittlerweile wohl führende, auf Agentur-Management spezialisierte Beratung im deutsch-sprachigen Raum. Oliver Klein hat Erfahrung aus mehr als 300 nationalen und internationalen Beratungsprojekten u. a. aus den Bereichen Agenturauswahl, Vergütungssysteme, Agenturverträge und Implementierung. Nach dem Studium der Betriebswirtschaft war er Berater bei GREY Düsseldorf & KM Wolff Hamburg, Product Manager bei der edding AG, Berater bei der Dialog-Marketing-Agentur MSB+K (heute Proximity), drei Jahre bei McCann-Erickson zuletzt als Business Development Director, ein Jahr bei Coleman Schmidlin & Partner als Mitglied der Geschäftsleitung, mehrere Jahre Marketing- und Change-Management-Berater (u. a. für ricardo AG, Bellevue & More AG etc.), Gründer und Geschäftsführender Gesellschafter von Deutschlands erstem Geschenkservice im Internet: congrat.de. Zusätzlich war er mehrere Jahre ehrenamtlich im Vorstand des Marketing Club Hamburg und bis 2008 elf Jahre ehrenamtlich im Kommunikationsverband e.V., davon 10 Jahre im nationalen Präsidium und als Vize-Präsident.

Die gesamte Kommunikationsbranche ist aktuell in enormer Bewegung – als wären nach der Krise alle aus einem Winterschlaf erwacht. Die Anforderungen an Marketing und Kommunikation werden zudem immer komplexer und der Agenturmarkt für Kunden immer unübersichtlicher.

Die traditionellen Agentur-Schubladen, die früher Orientierung gaben wie z. B. Werbung, Event, Dialog, Digital, PR etc. verschwimmen und verschmelzen zusehends. Es gibt heute kaum noch größere Agenturen, die nur in eine dieser bisherigen Kategorie-Schubladen passen. Und zusätzlich tauchen immer mehr Spezialisten auf dem Markt auf. Naturgemäß wird aber fast jede Agentur für sich in Anspruch nehmen, mehrere oder sogar alle der ihnen geschilderten Aufgaben gut oder sehr gut bewerkstelligen zu können.

Da wundert es nicht, wenn Unternehmen sich schwer tun oder gar überfordert sind, die richtigen und vor allem passenden Agenturen für sich zu finden.

Besonders heute, in Zeiten von wachsendem Erfolgsdruck, immer knapper werdenden Budgets und Einflüssen von Einkauf und Revision auf Kommunikationsentscheidungen, gewinnt besonders die Auswahl der idealen Agentur an Bedeutung. Sie legt den Grundstein dafür, ob die Kommunikation eines Unternehmens oder einer Marke erfolgreich sein kann.

Ein systematisch, sorgfältig und professionell durchgeführter Agentur-Auswahlprozess kann zwar das Risiko einer Fehlentscheidung nicht komplett ausschließen, erhöht aber die Erfolgschancen enorm, indem er die fachliche Eignung der Agentur und des Kernteams in den Mittelpunkt rückt und diese zielgerecht und stufenweise mit den Anforderungen des Unternehmens abgleicht.

Der systematische Agenturauswahlprozess

Alle Aufgaben und Anforderungen eines jeden Unternehmens, das eine Agentur sucht, sind individuell, so dass auch jeder Auswahlprozess zwangsläufig anders ist. So unterscheiden sich auch alle Agenturen und sogar alle Agentur-Teams innerhalb der Agenturen hinsichtlich Ihrer Stärken und Schwächen. Ein Team, das hervorragend zu einem Kunden und einer Aufgabe passt, kann für einen anderen Kunden völlig falsch sein. Die Kernfrage eines jeden Auswahlprozesses muss daher lauten:

„Welche Agentur und welches Kernteam ist am besten geeignet für diese individuelle Aufgabe?"

Grundsätzlich verläuft eine ideale Agenturauswahl in vier Phasen:

1. Definition der Anforderungen,
2. Screening & Vorauswahl,
3. Endauswahl und
4. Entscheidung.

Man muss sich dabei jedoch immer vor Augen halten: Ein solcher Prozess ist zeitintensiv und setzt eine möglichst sehr gute Kenntnis der Agenturszene voraus, die ein einzelner Kommunikationsentscheider oder ein einzelner, ehemaliger Agenturmitarbeiter i.d.R. nicht besitzen kann.

cherrypicker rückt bei einem systematischen Agenturauswahlprozess die fachliche Eignung der Agentur und des Kernteams in den Mittelpunkt und gleicht diese zielgerecht und stufenweise mit den Anforderungen des Unternehmens ab (siehe Abb. 1).

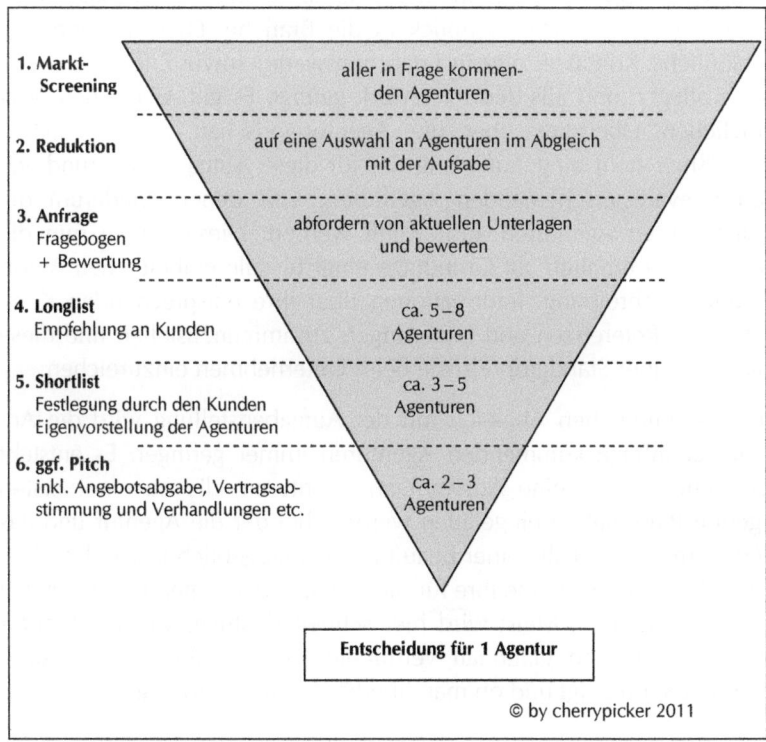

Abbildung 1:   Agenturauswahlprozess bei cherrypicker

Step 1: Bedarfsanalyse

Zunächst sind klare Kriterien festzulegen und eine detaillierte Bedarfsanalyse durchzuführen: Was sind die kommunikativen Herausforderungen, bei denen ein externer Dienstleister Unterstützung leisten soll? Welche Anforderungen lassen sich daraus für eine Agentur ableiten? Und was muss eine Agentur dafür mitbringen? Wie sieht die ideale Agentur konkret aus? Kann sie wirklich alles leisten oder müssen die Aufgaben auf mehrere Agenturen aufgeteilt werden?

Step 2: Marktscreening

Anschließend sollte ein breites Marktscreening vorgenommen werden, bei dem alle verfügbaren Quellen zu nutzen sind. So verschaffen sowohl die Fachpresse, das Internet, Rankings und Nachschlagewerke einen sehr guten ersten Einblick in die Branche. Ebenfalls sind hier persönliche Kontakte, eigene Erfahrungswerte, sowie Erfahrungswerte von Kollegen und aus dem Netzwerk gefragt. Es gilt, sich einen bestmöglichen Überblick über die Agenturlandschaft zu verschaffen. Schließlich steht eine Auflistung der für diese Aufgabe als grundsätzlich relevant erscheinenden Agenturen, von denen wiederum die spannendsten Agenturen ausgewählt werden. Diese sollten nun die Gelegenheit erhalten auf Grundlage einer für alle einheitlichen Anforderungsbeschreibung, Informationen über ihre entsprechenden Kompetenzen, Referenzen und Erfahrungen zusammenzustellen und diese inklusive einer Standardpreisliste beim Unternehmen einzureichen.

Im kontinuierlichen Abgleich mit der Aufgabenstellung wird die Anzahl der infrage kommenden Agenturen immer geringer. Es entsteht schließlich eine kleine Auswahl an Agenturen, die zu einer ersten Agentur-Präsentation eingeladen werden, bei der die Agentur und das Kernteam, das im Falle einer Beauftragung maßgeblich zuständig wäre, sowohl sich als auch alle ihre für die Aufgabe relevanten Kompetenzen vorstellen können. Meist wird hier schnell deutlich, welche Agentur ihre Kompetenzen glaubhaft vermitteln kann, welche den entsprechenden Spirit zeigt und ob man überhaupt miteinander arbeiten will.

Step 3: Agenturauswahl

In der dritten Phase, der Endauswahl, gibt es mehrere übliche Handlungsoptionen:

1. Das Unternehmen entscheidet sich sofort für eine Agentur,
2. es wird ein Testprojekt oder Workshop durchgeführt,
3. die Agentur wird zu einer Angebotsabgabe aufgefordert oder
4. zu einer Wettbewerbspräsentation (Pitch) eingeladen.

Welche Möglichkeit und ob eine weiterführende Präsentation im Anschluss überhaupt Sinn macht, sollte gemäß den Anforderungen an die Agentur genau geprüft werden. Da der Prozess eines Pitches am umfangreichsten ist, wird er hier nachfolgend und stellvertretend erläutert.

Wettbewerbspräsentation (Pitch)

Sollte ein Pitch als sinnvolle und einzige Option in Frage kommen, ist dabei immer zu berücksichtigen, dass alle Ergebnisse nur Hinweise über die Leistungsfähigkeit einer Agentur und wie gut eine Agentur zu einem Unternehmen passt aufzeigen können. Sie können nur sehr selten fertige und einsatzfähige Lösungen liefern. Es reicht daher meist aus, die zu präsentierenden Lösungen auf einige exemplarische Umsetzungen zu fokussieren.

Ein Unternehmen sollte sich zudem darüber bewusst sein, dass eine Wettbewerbspräsentation nicht nur für das Unternehmen selbst, sondern auch für die Agentur ein enormes sowohl zeitliches als auch finanzielles Investment bedeutet.

Die Pitch-Bedingungen verschärfen sich allerdings seit Jahren und der Unmut der Branche wächst zusehends, denn Wettbewerbspräsentationen und Briefings werden zunehmend umfangreicher, dauern länger und immer mehr Agenturen nehmen teil.

Wollen aber Unternehmen mit einer Agentur langfristig, fair und partnerschaftlich zusammenarbeiten, sollten Honorare als Aufwandsentschädigung und Anerkennung der Agenturleistung selbstverständlich sein.

cherrypicker hat dies zum Anlass genommen, eine wegweisende und für den gesamten deutschsprachigen Raum gültige Honorar-Empfehlung für Agentur-Pitches zu veröffentlichen. Diese basiert auf einer von cherrypicker im Herbst 2010 durchgeführten repräsentativen Umfrage von 108 deutschen Agenturen sowie auf 10-jähriger Erfahrung von cherrypicker als führende Beratung dieser Art im Markt. Damit bietet die Hamburger Agentur-Managementberatung der gesamten Marketing- und Kommunikationsbranche eine längst überfällige Orientierung zu angemessen Pitch-Honoraren, die auf alle Agenturarten und Disziplinen anwendbar ist:

Oliver Klein

cherrypicker-Pitch-Honorar-Empfehlung		
Kleine Pitchaufgabe	EUR	3.000 - 5.000*
Mittlere Pitchaufgabe	EUR	7.000 - 8.000*
Umfangreiche Pitchaufgabe	EUR	10.000 - 15.000*
Sehr komplexe oder internationale Pitchaufgabe	EUR	20.000 - 30.000*

*Alle Honorarangaben verstehen sich inkl. Nebenkosten und zzgl. MwSt. © by cherrypicker 2010

Kleine Pitchaufgabe: Grundidee, einfaches Konzept, 2-3 exemplarische Gestaltungen oder Maßnahmenvorschläge, meist Projektaufgabe nach Pitch.
Mittlere Pitchaufgabe: Grundidee, breiteres Konzept, 4-8 exemplarische Gestaltungen oder Maßnahmenvorschläge, ggf. aus einigen Disziplinen, kleiner Etat.
Umfangreiche Pitchaufgabe: Umfassendes Kommunikations-Konzept für breite Kommunikation (360°), 9-15 exemplarische Gestaltungen oder Maßnahmenvorschläge verschiedener Disziplinen, ca. sechsstelliges Honorarvolumen.
Sehr komplexe Pitchaufgabe: Integrierte/internationale Grundidee, umfassendes, eventuell für mehrere Marken/Bereiche einsetzbar Kommunikations-Konzept, > 20 exemplarische Gestaltungen oder Maßnahmenvorschläge aus verschiedenen Disziplinen und mind. in 2 Sprachen etc. Honorarvolumen p.a. > EUR 1.000.000.-, teilweise mehrere Agenturen/Büros an der Umsetzung beteiligt.

●●cherrypicker
Agency Selection Service

Abbildung 2: Pitch-Honorar-Empfehlung bei cherrypicker

Mit dieser Empfehlung sollen von Anfang an die Weichen für eine respektvolle Partnerschaft zwischen Kunde und Agentur gestellt werden.

Mit einem solchen Honorar, wie es von cherrypicker empfohlen wird, werden die Agenturen kaum Geld verdienen, vielmehr ist es eine anteilige Aufwandsentschädigung, stellt eine Wertschätzung der Arbeit dar und reduziert den zu erbringenden Finanzaufwand der Agentur. Dieses ermöglicht somit auch einen fairen Wettbewerb, bei dem auch kleinere Agenturen gegen die finanzstarken großen Agenturen eine reelle Chance haben.

Und das ist auch für Unternehmen entscheidend. Denn nur wenn alle relevanten Agenturen zum Pitch antreten, ohne vorab unbezahlte Präsentationen aufgrund von Verbandsvorgaben oder der eigenen Philosophien auszuschließen, können Unternehmen die optimale Agentur für sich finden.

Ein solcher Pitch sollte demnach auch systematisch durchgeführt und für alle beteiligten Agenturen fair gestaltet werden. Für eine reibungslose Pitch-Organisation und, um eine Vergleichbarkeit der Ergebnisse bestmöglich gewähren zu können, müssen mehrere Bedingungen erfüllt sein:

> **Spielregeln für die Organisation eines Pitches**
>
> - Die teilnehmenden Agenturen erhalten ein und dasselbe Briefing zum gleichen Zeitpunkt.
> - Allen Agenturen werden die gleichen Hintergrundinformationen (z. B. Broschüren, Geschäftsbericht, CI-Manual, Designvorgaben) zur Verfügung gestellt.
> - Im Briefing werden klare Spielregeln für die Agenturen festgelegt (Zeitvorgaben für die Ausarbeitung und die Präsentation, Ansprechpartner für Fragen, Möglichkeit für Schulterblick und/oder Re-Briefing u. ä.).
> - Alle Agenturen präsentieren hintereinander am gleichen Tag.
> - Die Präsentation sollte von dem Kernteam gehalten werden, das den Kunden zukünftig maßgeblich betreuen soll.
> - Eine Präsentation eines sog. Pitch-Teams oder rein durch die Geschäftsführer ist nicht zielführend und sollte daher nicht zugelassen werden.
> - Ein vorgegebener Zeitrahmen sollte eingehalten werden.
> - Es sollte ein Bewertungssystem zugrunde liegen, das dem Kunden die Beurteilung erleichtert und gleichzeitig dokumentiert.
> - Ein fester Teilnehmerkreis, zu dem auch die entsprechenden Entscheider gehören, sollte bei der Präsentation anwesend sein.
> - Feedback an die Agenturen sollte spätestens eine Woche nach der Präsentation erfolgen.

Step 4: Entscheidung

Als Grundlage für die Entscheidung ist in jedem Falle von großer Wichtigkeit, dass jeder Präsentation (in jeder Phase des Auswahlprozesses) ein Bewertungssystem zugrunde liegt, das gemäß den Anforderungen und Aufgaben an die Agentur erstellt wurde. Es sollte allen an der Präsentation beteiligten Entscheidern die Bewertung der Agentur hinsichtlich der relevanten Kriterien erleichtern.

Jede Entscheidung sollte natürlich auch die finanziellen Aspekte einbeziehen und auf den entsprechenden Angeboten der Agentur basieren. Hier ist es von größter Wichtigkeit, dass von Anfang an eine Vergleichbarkeit geschaffen wird. Den Agenturen muss also die Möglichkeit gegeben werden, auf der gleichen Grundlage und den gleichen Voraussetzungen kalkulieren zu können. Geben Sie den Agenturen daher, wenn möglich, eine Kalkulationsvorlage oder eine Beschreibung an die Hand, in der Sie klar formulieren, welche Aufgaben und Leistungen Sie erwarten und antizipieren.

Vertrag und Honorierung der Agentur

Gleichzeitig mit dem Pitch-Briefing, also bereits zu einem sehr frühen Zeitpunkt, sollte die Agentur einen Vertragsentwurf erhalten, der die Basis für die zukünftige Zusammenarbeit bildet. Bis zur Präsentation sollte die Agentur ihr Einverständnis hierzu abgegeben haben, so dass offene Punkte und Fragen möglichst im Vorfeld besprochen werden können. Eventuell auftretende Kontroversen zwischen Kunde und Agentur können so früh erkannt und noch rechtzeitig beseitigt werden. Der Vertrag wird ebenfalls die Honorierung der Agentur regeln.

Festlegung des Agentur-Honorars

Auch wenn das Thema Agenturvergütung sehr komplex ist und viele verschiedene Möglichkeiten bietet, kann man die Honorierungsmöglichkeiten der Agenturen folgendermaßen unterteilen:

1. Monatliches Pauschalhonorar (Retainer)
2. Projektweise Vergütung

3. Stückpreise

4. Sonstige Vergütungen

Grundsätzlich kalkulieren fast alle Agenturen auf Basis von voraussichtlich benötigten Zeiteinheiten für eine zu erbringende Aufgabe.

1. Monatliches Pauschalhonorar (Retainer)

Bei diesem Modell schätzen Agentur und Kunde die zu erwartenden Aufgaben, den dafür notwendigen Leistungsumfang (Scope of Work) sowie den von der Agentur zu erbringenden Zeitaufwand. Meistens erfolgt dies mit einer Perspektive auf die nächsten zwölf Monate. Dieser Zeitaufwand wird dann mit den entsprechenden Tages- bzw. Stunden-Sätzen hinterlegt, um das Honorar-Volumen für ein Jahr zu ermitteln. Daraus wird meistens ein durchschnittlicher Monatsaufwand und ein Honorar verhandelt und vereinbart. Mit diesem Modell erhalten Kunde bzw. Agentur eine Planbarkeit betreffend der Ausgaben bzw. Einnahmen. Aufgrund dieser Planbarkeit und einer damit zugesicherten Mindestauslastung gewähren Agenturen ihren Kunden im Rahmen von Verhandlungen entsprechende Rabatte. Im Rahmen einer solchen Regelung kann die Agentur dem Kunden auch eine Reihe von Zusatzservices bieten, z. B. ein festes Kernteam, Übernahme von zusätzlichen kleinen Aufgaben oder übergreifende strategische Beratung.

2. Projektweise Vergütung

Sollte der Kunde die Agentur mit einer Reihe von Einzelprojekten beauftragen, wird hier für jedes Projekt eine Einzelkalkulation erstellt und entsprechend einzeln abgerechnet. Dies bietet dem Kunden den Vorteil einer sehr genauen Zuordnung der Agenturhonorare auf einzelne Projekte, jedoch ist der Organisationsaufwand hierbei auf beiden Seiten höher als bei einer Pauschalvergütung. Da die Agentur meist keine Zusage über die Anzahl von Projekten erhält, wird sie in der Regel auch nicht so hohe Rabatte anbieten können.

3. Stückpreise

Alternativ oder in Ergänzung zu den beiden oberen Vergütungsmodellen können für häufig auftretende und klar definierte Aufgaben Pauschalpreise für Einzelaufgaben vereinbart werden. Darunter fallen z. B. Kampagnenkonzeption (mittel, groß, klein), Erstellung einer Pressemeldung (klein, mittel, groß), Pressegespräch, Seitenpreis für eine Broschüre und/oder Seitenpreis für eine Rede. Diese Stückpreise bedürfen jedoch einer sehr genauen Definition des Leistungsumfangs und des -ergebnisses, um Missverständnisse zu vermeiden.

4. Sonstige Vergütungen

Darüber hinaus gibt es eine Reihe von Einnahmemöglichkeiten von Agenturen, die ihren Ursprung im letzten Jahrhundert haben. Dies können z. B. sogenannte Kommunikationskostenpauschalen, Provisionen für Fremdkosten oder sonstige Handling-Fees sein. Unter Kommunikationskostenpauschalen verstand man früher die meist hohen Kosten einer PR Agentur für Telefon und Fax im Rahmen von Recherchen oder Versand von Pressemitteilungen u. ä. In Zeiten von Flatrates und fast ausschließlicher digitaler Kommunikation sollte jeder Kunde und jede Agentur für sich kritisch prüfen, inwieweit beispielsweise Kommunikationskostenpauschalen heute noch zeitgemäß sind. Dies setzt natürlich voraus, dass die Agentur nach den vorher genannten Vergütungsmodellen angemessen und fair bezahlt wird und nicht gezwungen wird, über andere Quellen indirekt ihre Honorare zu verdienen.

Über cherrypicker

Die Beratung cherrypicker berät werbetreibende Unternehmen bereits seit 2001 im gesamten Bereich des Agentur-Managements und ist hierfür die wohl führende Beratung im deutschsprachigen Raum. Insbesondere liegen unsere Kernkompetenzen in der Durchführung systematischer Agenturauswahlprozesse für jegliche Kommunikationsdisziplinen und Branchen, Überprüfung oder Erstellung von zeitgemäßen Agenturvergütungs-Systemen. Zudem legen wir mit branchenüblichen und fairen Spielregeln den Grundstein für eine erfolgreiche Zusammenarbeit.

Gerne unterstützen wir Sie auch bei Ihren ganz persönlichen Fragestellungen und Herausforderungen für Ihr Unternehmen. Rufen Sie uns doch einfach an (Tel. 040/28 66 77 90) oder schicken Sie uns eine E-Mail (oliver.klein@cherrypicker.de).

Wir freuen uns auf Sie!

8 Es könnte so einfach sein... isses aber nicht!

Dauer-Pitch oder langfristige Kooperation

Von Ralf Specht, McCann momentum

Ralf Specht ist Geschäftsführer von McCann momentum, der Spezialagentur für Eventmarketing, Verkaufsförderung, Sponsoring und Handelsmarketing der McCann Worldgroup Deutschland. Darüberhinaus ist Specht ehrenamtlich als Präsident des FME (Forum Event Marketingagenturen) tätig. Vor der Aufbauphase ab 2008 von McCann momentum war er bereits acht Jahre als Geschäftsführer bei McCann-Erickson tätig – in globalen Funktionen sowie in europaweiter Kundenverantwortung und als Chef der Hauptagentur McCann-Erickson Frankfurt.

Pitchen ist sinnvoll

Ein Pitch ist eine hervorragende Sache: Ein Unternehmen entscheidet sich, die auf Basis der Unternehmensziele abgeleiteten Marketingziele in Kommunikations- und Projektziele zu übersetzen und diese dann, als Briefing, drei vorher nach definierten Kriterien ausgewählten Agenturen zu übergeben (selbstverständlich mit einem angemessenen Pitchhonorar). Natürlich gehört dazu ein Rahmenbudget, damit alle Vorschläge später auch realisierbar sind. In einem Zeitraum von einem Monat kommen die für Rückfragen immer erreichbaren Kunden mit den drei Agenturen zum Re-Briefingtermin und zu einem kreativen Schulterblick zusammen – parallel werden die kaufmännischen Entscheidungskriterien validiert. Zum Schluss treffen die drei Agenturen in einer Präsentation von 60 Minuten mit einer 30minütigen Frage-Antwortrunde auf die Entscheider der Kundenseite, die im Laufe einer Woche nach Präsentation die Gewinneragentur und die zwei unterlegenen Agenturpartner informiert.

Die Realität ist eine andere – für Agenturen

Sie ahnen es schon: Ziele sind selten gesetzt, Budgets oft gar nicht definiert, selten nur kommuniziert, Pitchrunden mit bis zu 20 Agenturen kommen nicht nur einmal vor, Entscheider tauchen nicht in den Präsentationen auf, Entscheidungen ziehen sich über Monate, manchmal Quartale. Aber das macht ja nichts – es geht nur um Kreativität, da kann es doch auch unkonventionell zugehen.

Die Realität ist eine andere – für Unternehmen

Ja, auch für Unternehmen sind Pitches am Ende alles andere als Zuckerschlecken. Der Aufwand ist enorm, denn es ist ja nicht nur die Betrachtung der drei bis zwanzig Präsentationen, das Erstellen der Briefings, die kaufmännische Analyse und Verhandlung. Es ist die Vorbereitung der Long- und Shortlist der teilnehmenden Partner, die Zusage und die Absagen und der Umgang mit all den anderen Agenturen, die auch gerne im Pitch gewesen wären und im nächsten in jedem Fall dabei sein wollen. Und und und...

Wann also ist Pitchen sinnvoll?

Kaufmännisch betrachtet: wenn der hohe Aufwand auf Unternehmensseite und auf Agenturseite einen Skaleneffekt erzielbar macht, von dem die Gesamtkommunikation nachhaltig profitiert. Sowohl was die Nutzbarkeit einer Plattform (egal ob grundsätzliche Kommunikationsplattform oder spezielles Veranstaltungsformat) als auch was die Effektivität einer für beide Seiten planbaren Honorierungssituation betrifft.

Qualitativ betrachtet: wenn die Unzufriedenheit mit der betreuenden Agentur auch nach klarer Kommunikation darüber nicht ins Positive umkehrbar ist. In diesem Fall sollte ein Unternehmen aber auch klar kommunizieren, ob ein bestehender Agenturpartner auch wirklich an der Pitchrunde teilnehmen sollte. Was keinen Sinn macht, macht keinen Sinn – hier ist auf beiden Seiten Klarheit gefordert.

Und natürlich macht ein Pitch vor allem Sinn, wenn ein signifikanter Neuanfang in der Kommunikation gemacht werden soll und ein Unternehmen neue Ansätze realisieren möchte und ein Versuch mit dem Stammbetreuer nicht das Gewünschte ergeben hat.

Ein Blick hinter die Kulissen der Agenturen

Ein Pitch bringt zusätzliches Adrenalin in die Agentur: eine neue Chance, eine vielversprechende Marke, ein Kunde, der ungewöhnliche Lösungen erwartet. Sagen wir: vier Agenturen sind dabei, es geht um ein Projekt, das wahrscheinlich eine Honorar von 150.000 € verheißt. Und die Chance auf einen Rahmenvertrag für die nächsten drei Jahre. Allerdings kein Pitch-Honorar, denn es „ist ja eine Ehre, für dieses Unternehmen zu arbeiten".

Die Eventklimastudie 2009 des Forum Marketing-Eventagenturen (FME) zeigt, dass ein durchschnittlicher Pitch Kosten in der Agentur verursacht in Höhe von ca. 24.000 €. Das bedeutet, dass sich in unserem konkreten Fall die Gewinneragentur mehr als 16 % Profit in diesem Projekt erarbeiten muss, um überhaupt für das konkrete Projekt eine break-even Situation zu erzielen.

Ergänzt man die Betrachtung um die Wahrscheinlichkeit des Gewinns des Pitches, wird die Wirtschaftlichkeit noch obskurer. Nehmen wir an, die betroffene Agentur ist erfolgreich im Markt tätig und erzielt eine durchschnittliche Gewinnquote von 50 % der Pitches, an denen man teilnimmt. Im Klartext: nimmt die Agentur an vier solcher Pitches teil und gewinnt zweimal, muss die Profitabilität des Projektes über 24 % liegen, damit die Gewinnzone auf Agenturebene erreicht werden kann. Und das ist ein Wert, von dem vor allem Agenturen im Eventbereich nur träumen können.

Die Lösung liegt in der Kontinuität

Wenn aus dem genannten Beispiel eine kontinuierliche Kunden-Agenturbeziehung wird, bei der nicht für jedes einzelne Projekt wieder und wieder gepitcht werden muss, dann bietet sich hierin für die Kunden und die Agenturen eine echte Chance. Ein Betreuungsteam kann aufgebaut werden, welches das Unternehmen und die Marke wirklich „inhaliert" und es versteht, die notwendigen Implikationen für die Kommunikation umzusetzen. Planungsvorteile auf Agenturseite können an den Auftraggeber sinnvoll weitergegeben werden, sinnvolle

Investitionen auf Agenturseite können erfolgen und Kreativität und Umsetzungsqualität damit weiter gestärkt werden.

Wer macht den ersten Schritt?

Der erste Schritt ist bekanntlich immer der schwerste. Aber es gibt hier für alle Beteiligten mehrere leichte Wege zum ersten Schritt.

Ein Beispiel: Die in diesem Artikel beschriebenen Auswirkungen von Pitches auf die Agenturprofitabilität sind für viele Pitch-Veranlasser in Unternehmen eine neue Erkenntnis – sowohl im Marketing, als auch in der Öffentlichkeitsarbeit und gar manch ein Einkäufer versucht so zu tun, als wäre das eine Überraschung. Ein klassisches Kommunikationsthema also. Und das können vor allem bestehende Agenturpartner ihren Kunden nahebringen und die Vorteile, die Kunden von einer angemessenen Pitch Policy haben, erläutern.

Nach dem ersten Schritt kommen viele weitere

Klare, sinnvolle Schritte beschreibt Prof. Dr. Hans Rück in seiner Analyse der Thematik in vier Handlungsempfehlungen für Unternehmen, von denen sowohl die Fachabteilungen als auch die Einkaufsabteilung profitieren:

Echte Rahmenverträge, die nicht nur eine Pool-Zugehörigkeit, sondern auch ein bestimmtes Geschäftsvolumen sicherstellen, statt aufwändiger Einzelausschreibungen. Dadurch können sich Unternehmen bessere Konditionen durch entsprechendes Volumen sichern, Agenturleistungen können besser verglichen werden (Stichwort „Objektivierung") und Transaktionskosten durch verringerten Ausschreibungsaufwand können gesenkt werden.

Reduzierte Lieferantenanzahl, denn vom umfangreichen Know-how der Agenturspezialisten profitieren Kunden am meisten, wenn sie Full-Service-Vereinbarungen mit ihren Agenturen schließen und ggf. mit diesen einen erweiterten Dienstleistungspool aufbauen. Prof. Dr. Rück spricht von der „Sicherung oder Erhöhung der Ergebnisqualität" und der „Reduzierung der Prozesskosten."

Klare Qualitätsstandards, die Kunde und Agentur miteinander vereinbaren: „Service Level Agreements", die die Leistungsqualität definieren und die Performance entsprechend daran messen, sind eine wichtige Maßnahme, um Fachabteilung und Einkauf sowie die Agentur auf ein Performance-Niveau zu „kalibrieren".

Fordern und Fördern, ein klares Schaffen von Anreizen über das individuelle Projekt hinaus im Hinblick auf die Möglichkeit für Agenturen, „preferred supplier" eines Unternehmens zu werden und nicht permanent getrieben zu sein von wirtschaftlicher Unberechenbarkeit durch zahllose Einzelausschreibungen.

Literatur

Rück, Prof. Dr. Hans: Finale Grande zum Thema Pitch – Wie lange müssen sich Agenturen noch auspressen lassen. In: Zeitschrift events, Ausgabe 3/2009.

9 Erfolgsformel für Kick-off-Events: Mitarbeiter verstehen, motivieren und für sich gewinnen

Von Andreas Grunszky, BEEFTEA GROUP

Andreas Grunszky ist geschäftsführender Gesellschafter und Inhaber der Kommunikationsagentur BEEFTEA GROUP GmbH mit Sitz in Berlin und Hamburg. Die Agentur wurde 1998 von Andreas Grunszky als FIRST CLASS EVENTS GmbH in Berlin gegründet. Innerhalb von elf Jahren entwickelte sich die Agentur von einer regional agierenden Event-Agentur zur heutigen international tätigen Full-Service Kommunikationsagentur mit den vier Units „live", „local", „net" und „com", in denen Spezialisten für Events, Online-Marketing, Public Relations und Incentives arbeiten. Mit der Umfirmierung im Jahr 2009 lag Andreas Grunszky ganz im Trend der Zeit. So werden mittlerweile komplette Kampagnen für namhafte Unternehmen entwickelt und sowohl national als auch international umgesetzt. Seine berufliche Laufbahn begann Andreas Grunszky in der Hotellerie mit dem Abschluss des Hotel-Betriebswirts an der Hotelfachschule in Hamburg. Darüber hinaus hat er von 2003 bis 2008 als Dozent für Eventmarketing an der VWA Berlin sein Fachwissen an die zukünftige Event-Elite weiter gegeben.

Einleitung

Kennen Sie den Film „Ewig grüßt das Murmeltier"? In diesem Film – mit Bill Murray in der Hauptrolle – sitzt der Schauspieler in einer Zeitschleife fest und durchlebt wieder und wieder denselben Tag, der um 6 Uhr morgens im Bett seines Hotelzimmers mit dem Ton des Radioweckers beginnt.

Diese Szenerie kann mit der Situation der Mitarbeiter verglichen werden, die die alljährlich wiederkehrenden Kick-offs – zu Deutsch: Jahresauftakt-Veranstaltungen – besuchen.

Denn einmal im Jahr, oft zum Jahresbeginn, sollen die Mitarbeiter auf den neuen Kurs des Unternehmens eingeschworen werden. Diesen Kurs gilt es dann mit Begeisterung und höchstem Engagement zu verfolgen.

Das Ritual ist stets das gleiche: Zunächst wird das vergangene Jahr durchleuchtet und auf die Herausforderungen des kommenden Geschäftsjahres eingestimmt. Notwendige Veränderungen gehen meist mit Veränderungen in der Organisationsstruktur oder sogar mit Jobabbau einher. Zum Schluss der Konferenz folgt die Vision des Unternehmens gepaart mit einer verbindenden „Commitment"-Aktion, bei der alle Mitarbeiter durch aktive Handlung ihre Bereitschaft und Zustimmung offen zeigen sollen. In der Vergangenheit waren das Aktionen, wie beispielsweise „ein Segel hissen und die Unterschrift darauf schreiben", oder „seinen digitalen Fingerabdruck auf ein Bild setzen".

Bereitwillig folgten die Mitarbeiter diesen Ritualen, denn so gab es im Anschluss oftmals eine tolle Party mit leckerem Essen und guter Musik. Wenn aber die Nacht durch den folgenden Tag ersetzt wurde, kam oft die Ernüchterung. Der Arbeitsalltag setzte wieder ein und die Mitarbeiter spürten die Veränderungen in der angekündigten neuen Organisationsstruktur. Die Motivation des Vortages sank auf ein Minimum oder war gänzlich verschwunden – genauso wie die letzten Reste der Bühne vom Vortag.

Im Laufe des Jahres folgt dann der Alltag und im Frühherbst macht sich das Management erneut Gedanken um die Organisation des kommenden Kick-off-Events, um ein mitreißendes Motto und um eine zündende Idee, die dieses Motto beim Event wie eine Anleitung in einem Lehrbuch umsetzt.

Und so beginnt wie im Film „Ewig grüßt das Murmeltier" das neue Jahr wieder und wieder mit einem Kick-off-Event und seiner Commitment-Aktion. So mancher Mitarbeiter denkt sich dann zynisch: „Mal schauen, was die sich in diesem Jahr ausgedacht haben. Im letzten Jahr waren wir alle Segler in einem Boot und davor Raumfahrer, die neue Welten zu erobern hatten."

Wenn Ihnen dieses Szenario bekannt vorkommt und Sie wissen wollen wie Sie es verändern können, dann können Ihnen dabei die nachfolgenden Zeilen helfen, damit Sie – wie Bill Murray im Film – irgendwann auch der Zeitschleife entkommen.

Ratschläge für eine erfolgreiche Planung und Umsetzung von Kick-Off Events

1. Verändern Sie Ihr Unternehmen von innen

Wenn ein Unternehmen dem Mitarbeiter Veränderungen in der Organisationsstruktur oder in anderen Abläufen von Prozessen begreiflich machen will und dessen Verständnis hierfür einholen möchte, gelingt dies nur dann, wenn der Mitarbeiter die Notwendigkeit für die Veränderung versteht bzw. auch einsieht.

Beim Event aufgezeigte Praxisbeispiele von erfolgreich umgesetzten Maßnahmen, gerne auch aus anderen Industriezweigen, sind hierbei hilfreich. Zum einen machen Sie das gesprochene Wort plausibel und zum anderen schärfen sie den Blick über den eigenen Tellerrand hinaus.

Leider werden oft nur die notwendigen Veränderungen im Redebeitrag mit einer Vielzahl von Charts versehen, gepaart mit Zahlen und Fakten aus Unternehmenssicht, woraufhin das Management dann sogleich von der Bereitschaft der Mitarbeiter zur Veränderung ausgeht.

Doch was bedeuten diese notwendigen Veränderungen für die Mitarbeiter, außer möglicherweise mehr Anteil am gesamten Markt, in dem sich das Unternehmen befindet; oder mehr Gewinn, wenn der einzelne Mitarbeiter daran nicht beteiligt ist?

Beziehen Sie die Mitarbeiter bei der Erstellung der Event-Konzeption und -Kommunikation frühzeitig mit ein. Tauschen Sie gedanklich Ihre Rolle des Managements mit der Rolle des Mitarbeiters und blicken Sie durch die Brille des Mitarbeiters.

Machen Sie nicht den Fehler, Ihren Mitarbeitern irgendeine tolle Idee einer Event-Umsetzung überzustülpen, wenn Sie nicht passt. Indem Sie Ihren Mitarbeitern eine Rolle beim Event zuteilen, die sie nicht wirklich spielen können, weil sie sich nicht mir ihr identifizieren können, werden sie Ihre Worte nicht wirklich nach innen zu sich durchlassen. Vergleichbar mit einem Sunblocker, der keine Sonnenstrahlen durch die Haut lässt.

2. Beziehen Sie Ihre Zielgruppe/Mitarbeiter stets mit ein. Vor dem Event – währenddessen – und nach dem Event

Denken Sie bereits bei der Planung von Kick-off-Events immer daran, Ihre Mitarbeiter stets mit einzubeziehen und nicht erst beim Event selbst durch eine „tolle" Commitment-Aktion. Schon bei der Planung des Events und dessen Themen sollten Sie sich mit den Belangen Ihrer Mitarbeiter auseinandersetzen.

So liegt oftmals das Management mit seinen Thesen über mögliche Ursachen von Problemen, im Vergleich zu seinen Mitarbeitern, völlig auseinander, da die eigentlichen Probleme der unteren Hierarchien nicht zum Top Management weitergeleitet werden. Zum Teil tragen leitende Mitarbeiter daran eine Mitschuld, denn aufkommende Probleme oder entstandene Fehler meldet man ungern nach oben. Daher kommt es, dass das Management bei der Umsetzung von Lösungen und bei Inhalten einer Konferenz oft an der Mannschaft vorbei plant.

Beispiele für eine Einbeziehung der Mitarbeiter im Vorfeld des Events:

- Mitarbeiterbefragung

Starten Sie eine Umfrage unter Ihren Mitarbeitern mit dem Ziel, Themen für Ihren Event zu finden. Es ist nicht so, dass das Management nicht selber Themen hätte; aber wie bereits im vorherigen Abschnitt erwähnt, ist die Wahrnehmung der Mitarbeiter für manche Dinge eine ganz andere. Und wenn Sie schon das Budget für einen ein- oder mehrtägigen Event einsetzen, wollen Sie auch den maximalen Output dieses Events.

Bei einer Mitarbeiterbefragung lassen die Statements Ihrer Mitarbeiter neue Sichtweisen auf vielerlei Dinge zu. Darüber hinaus erhalten Ihre Mitarbeiter dadurch auch eine Form der Wertschätzung. Denn mit der Aufforderung zu einer Meinungsäußerung, erkennen Ihre Mitarbeiter auch Ihre Bereitschaft, die Sichtweise der Mitarbeiter verstehen zu wollen, um deren Potenzial für Verbesserungen zu nutzen.

Bei der Mitarbeiterbefragung ist es jedoch wichtig, dass es später beim Event erkennbar wird, dass die Meinungen der Mitarbeiter auch tatsächlich in die Umsetzung der Themen und des jeweiligen Events eingeflossen sind. Ebenso wichtig ist es, darauf gefasst zu sein, dass solch eine Befragung auch für negative Äußerungen oder Stimmungsmache genutzt werden kann – ähnlich wie bei Facebook oder Twitter. Gehen Sie damit offen um. Damit machen Sie deutlich, dass Sie sich den Dingen stellen und sie ernst nehmen.

- **Einladung selber gestalten**

Haben Sie einmal darüber nachgedacht, die Einladung an Ihre Mitarbeiter für das Kick-off-Event durch die Mitarbeiter selbst gestalten und versenden zu lassen? Wie das geht? Ganz einfach: Sie lassen eine Webseite gestalten, in der sich ein Grundlayout der Einladung als Formatvorlage befindet. In dieser Vorlage sind bereits essentielle Dinge wie Ort und Datum des Events als nicht veränderbares Element enthalten. Darüber hinaus stehen den Nutzern der Webseite eine Vielzahl an Wörtern, Begriffen, Symbolen oder anderen vorab festgelegten Elementen zur Gestaltung der Einladung zur Verfügung.

Nun können die Mitarbeiter sich aus diesen Elementen ihre Einladung selbst gestalten und erstellen, mit dem Ziel, diese an ihre Kollegen zu versenden. Damit laden sich Ihre Mitarbeiter quasi selber zum Event ein. Mit einer entsprechenden Technik hinter der Webseite behalten Sie stets den Überblick über das, was ihre Mitarbeiter machen und an wen die Einladungen verschickt werden. Dadurch wird gewährleistet, dass kein Mitarbeiter vergessen wird. Sie können auch erkennen, welcher Mitarbeiter die meisten Einladungen erhalten hat. Oder welche Begriffe in der Textgestaltung am meisten verwendet worden sind.

Kombinieren Sie diese kreative Einbindung der Mitarbeiter mit dem vorab erwähnten Punkt der Mitarbeiterbefragung. Damit erhält dieses schöne Element einen weiteren Nutzen. So erhalten Sie für die Inhalte des kommenden Events ein eigenes Ranking, welches bei der Planung des Events Beachtung finden sollte.

- **Microblogging**

Schaffen Sie sich Ihre eigene Corporate Community. Erstellen Sie sich Ihr geschlossenes Facebook Blogger Tool. Geben Sie Ihren Mitarbeitern innerhalb eines geschlossenen Kreises des Unternehmens Raum für Kommunikation. Schaffen Sie Foren für neue Themen. Informieren Sie über brandaktuelle News. Die Entwicklung Ihres eigenen Microbloggings erfordert sicher etwas Budget, ist aber gut angelegtes Geld und zugleich ein im Trend liegendes Element der neuen Kommunikation.

- **Corporate Song/Musik Video**

Komponieren Sie Ihren eigenen Unternehmenssong. Mit Hilfe Ihrer Mitarbeiter schaffen Sie eine musikalische Brücke zum Unternehmen, fördern deren Identifikation mit diesem und schaffen ein nachhaltiges Element der Mitarbeitereinbindung.

Doch Vorsicht: Bei der Umsetzung eines Corporate Songs sollte nicht an falschen Ecken gespart werden. Das Ergebnis sollte den qualitativen Ansprüchen des Unternehmens gerecht werden. Hierbei kommt es nicht auf die Qualität der Mitarbeiter im Rahmen ihrer musikalischen Einbindung an, sondern eher auf die videotechnische Umsetzung und dessen Budget.

Der Song kann vor dem Event produziert und später beim Event live von Mitarbeitern performed werden.

- **BASE**

Mit Hilfe eines Internet/Intranet gestützten Spiels erzeugen Sie eine spielerisch umgesetzte Motivation Ihrer Mitarbeiter zur Erreichung von vorgegebenen Zielen.

Ein Thema des Spiels könnte sein, dass sich Ihre Mitarbeiter in mehreren Teams zusammenfinden müssen und sich gemeinsam z. B. auf eine imaginäre Reise begeben, mit dem Ziel, zu einer bestimmten Insel zu gelangen. Auf der Fahrt dorthin müssen die Teams verschiedene Aufgaben bewältigen und erhalten dadurch Prämien. Aufgaben werden vorab vom Management definiert und können z. B. das Erreichen von bestimmten Budgetvorgaben sein.

Die Einbeziehung aller Abteilungen bei der Definition von Zielen macht das System noch effektiver. Denn erst wenn auch die Human Resources-Abteilung oder das Quality Department Ziele und Verbesserungsvorschläge definieren, kann das Potenzial dieses Spiels in vollem Umfang genutzt werden.

Die Dauer des Spiels kann mehrere Monate betragen und mit einem Kick-off-Event kombiniert werden. Im Vorfeld des Events oder beim Event selbst, wird das Spiel dann präsentiert. Die Mitarbeiter finden sich zu Teams und kreieren ihren eigenen Team-Namen. Das eigentliche Spiel startet dann nach dem Event und schafft somit eine lang anhaltende Einbindung der Mitarbeiter beim Erreichen von vorgegebenen Zielen und motiviert sie gleichzeitig.

Das Management kann durch unterjährige Einbindung von neuen Aufgaben die Dynamik des Spiels, und somit das Erreichen von Unternehmenszielen, steuern.

- **Social Action statt Event Gimmick**

Setzen Sie bei der Umsetzung von sogenannten Commitment-Aktionen eher auf sinnvolle Aktionen statt auf inhaltsleere Event Gimmicks.

Sinnvolle Ideen könnten z. B. Aktionen mit sozialen Inhalten sein, die auf Corporate Social Responsibility-Aktivitäten des Unternehmens einzahlen.

Wenn Ihr Unternehmen etwas gegen den Hunger der Welt unternimmt, beladen Sie z. B. mit Ihren Mitarbeitern gemeinsam einen oder mehrere LKW mit Nahrungsmitteln.

Wenn jeder Mitarbeiter seine selbst gepackte Box mit seinem Namen oder Fingerabdruck versieht, erhält die Box somit eine echte Identität.

Nach dem Event kann die Fahrt der LKW auf der Facebook-Seite sowie anderen internen und externen Kommunikationskanälen medial und redaktionell betreut werden.

Damit erhält der Event, und speziell diese Maßnahme, eine erhoffte Nachhaltigkeit. Ganz wichtig ist es dabei, einen Sinn zu schaffen, den jeder Mitarbeiter versteht und auch unterstützen wird.

- **Vernetzen Sie das Wissen Ihrer Mitarbeiter**

Wenn es bei einem Kick-off-Event um die Erarbeitung von Lösungen geht, nutzen Sie moderne Technik, um das Potenzial Ihrer Mitarbeiter voll auszuschöpfen.

Beispielhaft sei hier die Technik von „next Moderator" genannt, bei der die Teilnehmer des Events in mehrere kleine Gruppen eingeteilt werden und jede Gruppe an der Erarbeitung von Lösungen arbeitet. Durch die Verbindung aller Gruppen mittels PCs innerhalb eines Netzwerks, sind die Zwischenergebnisse aller Gruppen für jeden Einzelnen stets einsehbar. Somit können, wie beim Brainstorming, die Teilnehmer der Gruppen die Ideen anderer Gruppen aufgreifen und weiterentwickeln.

Ein Moderator moderiert alle Gruppen gleichzeitig und schafft den Raum für neue Lösungen. Die Technik vernetzt die Teilnehmer untereinander. Und obwohl alle Gruppen separat arbeiten, profitieren alle zeitgleich von den Ideen aller Teilnehmer. Durch diese Technik nutzen Sie das Wissen Ihrer Mitarbeiter und schaffen ideale Rahmenbedingungen für Erfolg versprechende Ergebnisse.

3. Kombinieren Sie Kommunikationsmedien

Auch wenn Sie nur einen Event planen, nutzen Sie alle passenden und Ihnen zur Verfügung stehenden Kommunikationsmedien für das Ansprechen Ihrer Zielgruppe. Denn Ihre Zielgruppe kommuniziert heute bereits multimedial.

4. Vereinfachen Sie Ihre Idee

Denken Sie bei der Ausarbeitung Ihrer Ideen immer daran, dass Ihre Zielgruppe sie auch verstehen muss. Oftmals sieht man tolle Event-Umsetzungen mit schönen Inszenierungen; jedoch wird der Sinn, welcher dahinter steckt, von der Zielgruppe nicht verstanden. Daher sollten Sie bei der Präsentation Ihrer Event- oder Kommunikationsidee bestenfalls nur ein Blatt Papier und einen Stift benötigen, um Ihre Idee vorzustellen.

10 Überzeugung durch Fiktion
– eine neue Dimension der Inszenierung

Von Axel Siebenkittel, atkon AG

Axel Siebenkittel ist Vorstand und Gesellschafter der atkon AG. Siebenkittel begann seine Laufbahn bei der Taunusfilm in Wiesbaden (eine 100% Tochter des Hessischen Rundfunks) wo er die Grundlagen der Film und Fernsehproduktion erlernte. Dort wirkte er zuletzt als Produktionsleiter für Corporate-TV und verantwortete u. a. das Projekt Deutsche Bank TV. 1999 wechselte er dann in die Selbstständigkeit und war Mitgründer der Corporate Communication Systems GmbH. Dort war er als Herstellungsleiter maßgeblich beteiligt an Aufbau und Steuerung der Tochtergesellschaft TC02 GmbH, eine Joint-Venture mit der CLT-Ufa. 2000 folgte dann die Gründung der atkon AG, wo er als Mitglied der Geschäftsleitung den Auf- und Ausbau des Spezialisten für Bewegtbildkommunikation vorantrieb. Seit 2008 ist er Vorstand der atkon AG, die er zusammen mit seinen Vorstandskollegen in den letzten 3 Jahren zu einer crossmedia Agentur mit den Schwerpunkten Bewegtbild-Kommunikation, PR und Live-Communication formte.

Einleitung

Noch zieht sich ausschließlich Asphalt durch den Wüstensand von Katar. Eisenbahnschienen sind in dem Golfemirat ebenso unbekannt wie im angrenzenden Saudi-Arabien. Der Wüstenstaat im Nordosten der arabischen Halbinsel zählt zu den reichsten Ländern der Welt. Das Bruttoinlandsprodukt wächst pro Jahr um durchschnittlich zehn Prozent. Hauptquelle des nationalen Wohlstandes sind die reichen Öl- und Gasvorkommen; Katar liegt mittlerweile an der Spitze der weltweiten Flüssiggasproduktion. Parallel dazu nimmt das Verkehrsaufkommen explosionsartig zu – die Asphaltpisten halten mit dem rasanten Entwicklungstempo längst nicht mehr Schritt.

Buchstäblich mit Händen greifbar, ist die fehlende Balance zwischen limitiertem Verkehrssystem und wirtschaftlichem Wachstum in der Hauptstadt Doha: Die Metropole am Ufer des Persischen Golfs erlebt seit Jahren einen anhaltenden Bauboom; inzwischen leben mehr als eine Million Menschen in der Stadt. Vor einem knappen Jahrzehnt brauchte man kaum fünfzehn Minuten, um von einem Ende der Stadt zum anderen zu gelangen. Heute muss man für dieselbe Strecke anderthalb Stunden Autofahrt einplanen.

Wie werden Visionen von morgen schon heute lebendig?

Vor diesem Hintergrund erhielt die Deutsche Bahn AG 2008 eine Anfrage der katarischen Regierung. Daraufhin erarbeitete DB International, die Auslandseinheit des Konzerns, eine Machbarkeitsstudie für ein landesweites Eisenbahnsystem – inklusive Gütertransport und Nahverkehrssystem für Doha. Etwa hundert Ingenieure zog das Unternehmen seinerzeit im Emirat zusammen. Acht Monate später lag das Ergebnis auf dem Tisch: Eine Studie mit dem Titel „Qatar Integrated Railway System QIRS" bot auf mehreren tausend Seiten technologische Szenarien, Wirtschaftlichkeitsbetrachtungen und Lösungsmodelle für unterschiedlichste Anforderungen. Keiner der damals Beteiligten hatte jedoch die geringste Vorstellung davon, wie all diese hochkomplexen Zusammenhänge dem Emir von Katar, Scheich Hamad ibn Chalifa al Thani, zu vermitteln seien. Viel Zeit stand nicht zur Verfügung, weder für Planung und Aufbau, noch für die Präsentation an sich – lediglich eine Stunde sah das königliche Protokoll dafür am 23. Februar 2009 vor.

Mit der einstündigen QIRS-Präsentation beauftragte DB International die atkon AG als Lead-Agentur. Es ging um viel – immerhin handelte es sich um eines der größten Infrastrukturprojekte der Deutschen Bahn außerhalb der Bundesrepublik. Und sie war keinesfalls allein am Start. Konkurrenzkonzepte kamen unter anderem aus Frankreich und China – viel mehr wusste man nicht. Was hingegen von Anfang an klar war: Eine konventionelle Projektpräsentation per Powerpoint-Folien und Overhead-Projektor schied für QIRS bereits im Vorfeld aus. Wie aber weckt man innerhalb einer kurzen Stunde eine lebendige Vorstellung von einem derart gigantischen Zukunftsprojekt? Und dies im Kopf eines Königs, dessen Herkommen, Kultur und Staatswesen geprägt ist von einer starken, uns aber weitgehend fremden Tradition?

Sachliche Information ist bei einem Hightech-Projekt wie QIRS zwar unumgänglich, doch rationale Argumente allein, gegründet auf Zahlen und Fakten – das würde beim Emir niemals den bleibenden Eindruck hinterlassen, der nötig sein würde, um den Auftrag nach Deutschland zu holen. Einen solchen Eindruck könnte nur ein nachwirkendes, im Wortsinne nachhaltiges Erlebnis auslösen. Am besten, man würde den

Emir zu einer Zeitreise in die Zukunft einladen. Und weil Zukunft generell (noch) keine Realität ist, stützte sich die QIRS-Präsentation vorrangig auf fiktionale Gestaltungselemente.

Welcome to the Future – vom Eintauchen in eine virtuelle Realität

Unter dieser Prämisse formierte atkon umgehend ein Kompetenzteam und band dabei Spezialisten unterschiedlicher Ausrichtung aus seinem internationalen Partnernetzwerk ein. Markenarchitekten, Messebauer, Modedesigner – das multidisziplinäre Team kreierte im Vorfeld eine komplette Markenwelt für „Qatar Railways", einschließlich Corporate Identity, Branding, Logo und Uniformen für das Eisenbahnpersonal. Alles hing davon ab, die Sinne sofort gefangen zu nehmen, gleich im erstem Moment Emotionen wachzurufen. Der Emir sollte buchstäblich eintauchen in die fiktionale Welt der künftigen Mobilität seines Landes. Als Startpunkt der Zeitreise wurde eine Art Tor in die Zukunft gebraucht. Die Idee einer tunnelartigen Passage entstand – vier Meter hoch, sechs Meter breit: Das sphärisches Bauwerk empfängt den Zeitreisenden wie ein querliegendes Oval-Portal mit einer Licht- und Soundinstallation in seinem Inneren – ein Tunnel, der von einer Welt in die andere führt.

Zunächst ging es einzig darum, einen emotionalen Markenraum zu erschaffen; konkrete Inhalte sollten erst später kommen. Die Passage ist komplett in Blau gehalten – der Corporate-Identity-Farbe von Qatar Railways. Weiter hinten, am hell erleuchteten Passagenende prangt überdimensional das Logo von Qatar Railways: Drei gewundene Linien treffen sich im Zentrum und formen so eine symmetrische Rosette – ein Symbol für das Verbindende als Kerneigenschaft des schienengebundenen Verkehrssystems von Katar.

Erst nach dem Durchschreiten der Passage beginnt die eigentliche Präsentation. Der sich anschließende Raum lebt von einem Mix unterschiedlicher Darstellungsmittel. Eine riesige Fläche aus vier mal neun hochauflösenden Plasmabildschirmen gibt den Blick auf das bunte Leben in der Eingangshalle von West Bay Station frei, dem künftigen Knotenpunkt der katarischen Eisenbahn. Die fotorealistische HD-

Animation ist vom Berliner Hauptbahnhof inspiriert; sie zeigt das Kommen und Gehen von Menschen, Restaurants, Geschäfte – der Bahnhof wird als sozialer Ort der Begegnung evoziert. Visuell animiert sind zudem die Touchscreen-Tische, die während des Rundgangs Gelegenheit bieten, Einzelheiten des Projekts näher zu erläutern. Interaktive Touchscreens finden sich gleichfalls im futurisch anmutenden Control Center – einem Highlight der Ausstellung. Genau hier fand die 20-minütige Hauptpräsentation für den Staatschef statt. Dabei zogen die vortragenden Manager von DB International alle Register multimedialer Animationskunst und brachten so die Key Facts von QIRS auf den Punkt.

Neben virtuellen Eindrücken bietet die Ausstellung aber auch ganz reale Erlebnisse: So gibt beispielsweise das Eins-zu-Eins-Modell eines First-Class-Abteils einen Vorgeschmack auf den Luxus in einem Hochgeschwindigkeitszug von Qatar Railways. Optische und akustische Wahrnehmungen werden hier durch haptische Eindrücke ergänzt, denn für ein umfassendes Erlebnis sind möglichst viele Sinne anzusprechen. Unmittelbar daneben befinden sich wieder Displays, die das künftige Netz der Nah-, Fern- und Güterverkehrsstraßen illustrieren. Zudem können Besucher einen Blick in den Fahrplan werfen. Auf einem eigens designten, und selbstverständlich CI-konformen Touchscreen lassen sich individuelle Reiserouten einschließlich aller Anschlussverbindungen zusammenstellen. Dabei erfährt man dann übrigens auch, dass eine Zugfahrt vom Flughafen Doha in die Innenstadt kaum zehn Minuten dauert – statt wie heute anderthalb Stunden mit dem Auto.

Zurück in die Gegenwart gelangt der Zeitreisende schließlich wieder durch den passagenartigen blauen Tunnel. Seine Sound- und Lichtinstallationen rufen Emotionen vom Beginn der Reise wach. Der Kreis schließt sich, die Präsentation ist zu Ende.

Die gesamte Ausstellungshalle ist so konzeptioniert, dass möglichst viele Ablaufoptionen für einen Rundgang offenstehen. Echtzeit-Animation, reale Objekte, cineastische Inszenierungselemente und der klar strukturierte Plot der Präsentation schließen aleatorische Momente keineswegs aus. Im Gegenteil: Die Ausstellungsdramaturgie verzichtet bewusst darauf, jede Sekunde von vornherein festzulegen.

Resümee und Ausblick

Für das rund hundert Mann starke Team von atkon und seinen Partnern war das QIRS-Projekt nicht nur eine kreative, sondern auch eine logistische Höchstleistung. Ein paar Kilometer von Doha City entfernt wurde innerhalb weniger Wochen mitten in der Wüste eine 3.000 m² große Halle errichtet. 80 Arbeiter verbauten 14 Tage lang nonstop rund 8,5 Mio. Tonnen Alu und Stahl sowie 6.000 m² Span- und Faserplatten. Über eine Millionen Schrauben und 600.000 Tackernadeln stecken in der Halle, außerdem drei Kilometer Elektrokabel. Währenddessen legte das Content-Team im atkon-Büro in Doha letzte Hand an die diversen QIRS-Animationen. Zuvor war die komplette Eisenbahn-Erlebniswelt unter teils abenteuerlichen Bedingungen per Frachtschiff nach Katar gebracht worden. Eine Materialschlacht? Ja, das auch. Der Erfolg aber rechtfertigt den extensiven Materialeinsatz. Hinzu kommt folgende Tatsache: Benzin ist billig in Katar. Das Emirat ist Weltmeister beim Pro-Kopf-Ausstoß von CO_2. Das Eisenbahnprojekt der DB International trägt viel dazu bei, das Land von diesem zweifelhaften Titel zu befreien. Der ökologisch nachhaltige Umbau des Verkehrssystems ist eines der erklärten Ziele der katarischen Regierung. Zudem: Das Instruktive des Projekts liegt weniger in seinen Dimensionen als vielmehr in seinem konsequent erlebnisorientierten Kommunikationsansatz, im Erschaffen einer sinnlich erfahrbaren fiktionalen Zukunftswelt. Wie imposant auch immer – alle technischen Mittel dienten nur diesem einen Zeck. Die Messehalle wurde übrigens nach dem 23. Februar 2009 nicht demontiert, denn sie soll auf persönliche Anregung der Sheika der Öffentlichkeit zugänglich gemacht werden. Die Erlebnisausstellung wird damit zu einem Bestandteil einer Public-Awareness-Kampagne, um die Bevölkerung über ihr künftiges Verkehrssystem aufzuklären. Für atkon selbst folgte unmittelbar auf die QIRS-Präsentation das nächste Projekt in Katar: Als Abschlussevent für den FIFA-Delegationsbesuch im Sommer 2010 wünschte sich das Bid-Komitee des Landes ein noch spektakuläreres Multimedia-Ereignis, als es der Emir im Februar 2009 bei der Präsentation von DB International erlebt hatte. Die FIFA-Entscheidung ist allgemein bekannt. Und wenn 2022 die Fußball-WM in Katar angepfiffen wird, ist aus der virtuellen QIRS-Zukunft längst Gegenwart geworden. Reale Qatar-Railways-Züge rollen dann schon jahrelang auf Schienen im Wüstensand.

Abbildungen

Abbildung 1: Universelle Metapher: Multimedialer Tunnel als Einlass in eine fiktionale Welt

Abbildung 2: West Bay Central Station: Fotorealistische Animation erweckt Zukunftsbahnhof zum Leben

10 Überzeugung durch Fiktion

Abbildung 3: Futuristische Schaltzentrale mit Videowand und Touchscreen-Tischen

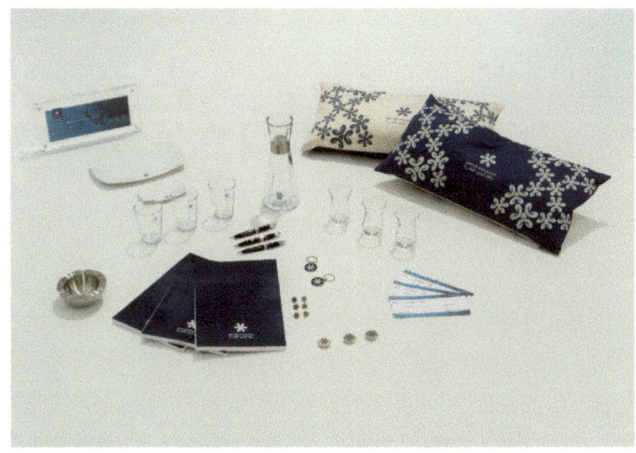

Abbildung 4: Auch kleine Dinge im Qatar-Railways-Branding tragen zum umfassenden Markenerlebnis bei

11 Heidi Klum goes Hamlet
– Storytelling und Dramatisierung

Von Christoph Kirst, insglück

Christoph Kirst ist Creative Director und Geschäftsführer der insglück Gesellschaft für Markeninszenierung mbH. Vor seiner Zeit in der Eventbranche arbeitete Kirst an verschiedenen deutschen Theaterhäusern als Dramaturg und Regisseur. Er war u. a. Creative Director bei der Eventagentur kogag Bremshey & Domning GmbH und wechselte 2005 zur insglück Gesellschaft für Markeninszenierung mbH. Die Agentur ist spezialisiert auf die Konzeption und kreative Umsetzung von Live-Kommunikation wie Corporate, Public und Exhibition Events. Für die überzeugende Qualität und Kreativität der Agentur sprechen Spitzenpositionen in den Kreativrankings der Fachzeitschriften Horizont und W&V sowie verschiedene nationale und internationale Auszeichnungen wie der deutsche Event Award (EVA), New Yorker Galaxy-Awards und European Best Event Awards.

„Ich habe heute leider kein Foto für dich!" Heidi Klums Augen schauen ernst, etwas mitleidig und doch unerbittlich. Die dramatische Kunstpause, die sie diesem Satz vorausgehen lässt, verleiht dem Schicksalhaften ihres Diktums wahres Gewicht. Elisabeth Flickenschild, Maria Becker, Marianne Hoppe, die großen Tragödinnen auf den deutschsprachigen Bühnen der 1950er bis 1970er Jahre, hätten ihre Freude gehabt, an so viel berechnender Dramatik, an so viel knisternder Spannung. Da ist Hamlet. Da ist griechische Tragödie... und dabei geht es doch nur darum, dass eine weitere Kandidatin bei „Germany's Next Top Model" auf der Strecke bleibt. Ausgeschieden. Gescheitert am Traum von einer internationalen Modelkarriere auf den Laufstegen in Paris, London, New York. Wieder heißt es Koffer packen. Heim nach Wetzlar, Wanne-Eickel oder Winsen an der Luhe.

An den Bildschirmen fiebern die Zielgruppen zwischen 14 und 49 gespannt mit. Welches Mädchen wird es schaffen? Wer ist schön, ehrgeizig, sympathisch und talentiert genug, die Prüfungen der Über-Model-Mutter Heidi zu bestehen. Vor den Bildschirmen sitzen Teenies und deren Mütter. Der ein oder andere Vater mag auch dabei sein (sonst könnte ich hier nicht darüber schreiben). Und ihre bzw. unsere Anteilnahme ist nicht so weit entfernt von dem, was auch das Publikum Shakespeares oder Sophokles' bewegte.

Ohne Anspruch darauf, den Erfolg des Serienkonzeptes wirklich dingfest machen zu wollen, lassen sich leicht archetypische Muster erkennen und benennen, die begreiflich machen, warum sich bestimmte Zielgruppen von der Sendung so stark angesprochen fühlen. Identifikation und Empathie spielen dabei eine entscheidende Rolle, die Teilhabe am Schicksal anderer – ohne selbst aktiv im Wettkampf stehen zu müssen –, die Erotik der Adoleszenz und nicht zuletzt so etwas Simples wie „die Spannung auf den Ausgang". Aschenputtel lässt grüßen. Goldmarie, Pechmarie und Frau Holle schwingen mit. Irgendwie auch das Urmuster vom sozialen Aufstieg aus eigener Kraft – hier allerdings in seiner weiblichen Form: You can make it if you really want, oder: vom Mädel aus der Provinz zum Star der Glamourwelt. Heidi Klum selbst hat es vorgelebt und sie pflegt diesen Mythos mit einer bisweilen virtuos vorgetragenen Bodenständigkeit.

Die männliche Variante dieses Archetypus heißt gemeinhin „Vom Tellerwäscher zum Millionär". Anhand dieser vier Worte kann man spüren, wie stark Geschichten sind. Denn diese vier Worte sind an sich schon eine Geschichte. Sie aktivieren unser Vorstellungsvermögen und rufen Bilder ab: das schmutzige, durchgeschwitzte Unterhemd, die glänzenden kräftigen Oberarme und die vor Ehrgeiz funkelnden Augen. Eine feucht dampfende Küche, in der sich schmutzige Teller stapeln, ein cholerischer Restaurantchef...

Geschichten vermögen es, unsere Phantasie anzuregen. Dieses Konglomerat an persönlichen und sozialen Erfahrungen, an kulturellem Wissen, Angelerntem, Gesehenem und Gelesenem – aufs engste verknüpft mit unseren Bedürfnissen, unseren Sehnsüchten und unserer Libido. Geschichten wirken eben. Sie aktivieren. Direkter, tiefer und emotionaler als Daten, Fakten, abstrakte Begriffe oder Argumente.

Deshalb lässt sich so ziemlich jede sinnhafte Marketingmaßnahme auch als Geschichte begreifen. Übersetzt: Storytelling. Und ein wesentlicher Aspekt unserer Arbeit als Entwickler von Marketingmaßnahmen besteht darin, uns Geschichten auszudenken für die Botschaften und Ziele unserer Kunden. Gut, dass wir dabei auf einen so reichen Fundus zurückgreifen können. Ein Fundus an Märchen, Mustern, Strukturen und Genres... Gut, dass es, wie bei „Germany's next Top

Model", Archetypen zu geben scheint, die offenbar unser Innerstes ansprechen und deshalb auch immer wieder gern genommen werden.
„Give me some light: away!" ruft der König, Hamlets Onkel, entsetzt und völlig verstört. Heftig nach Luft schnappend verlässt er den Thronsaal mitten in einer Theateraufführung. Der König erkennt in dem Theaterstück seine eigene Geschichte. Er hat seinen Bruder, Hamlets Vater, vergiftet und dann die Witwe geheiratet. Initiator der Aufführung ist Hamlet selbst. Er hat den Inhalt des Stücks verfasst, das bezeichnenderweise „Die Mausefalle" heißt. Durch die heftige Reaktion des Onkels sieht Hamlet seine Vermutung bestätigt, dass dieser der Mörder seines Vaters ist. Ziel erreicht. Falle zugeschnappt.

„The Mousetrap", das Stück im Stück, ist ein wunderbares Beispiel dafür, wie sich Geschichten in der Live-Kommunikation einsetzen lassen. Hamlet inszeniert einen Event – nichts anderes ist das Fest am Hofe des Königs – und er verpackt seine Botschaft in eine Geschichte. Direkt hätte er die Unterstellung, „Du, König, bist der Giftmörder meines Vaters!" nicht sagen können, ohne sofort seinen Kopf zu riskieren oder sich selbst als Verleumder zu diskreditieren. Über die Story wird das Unaussprechliche aussprechbar. Ganz abgesehen davon, dass es auf diese Art kreativ, unterhaltsam, spannend, dramatisch umgesetzt ist. Hamlet ist also zweifelsfrei ein Event-Konzeptioner.

Noch etwas lässt sich aus dieser Schlüsselgeschichte herauslesen: „Die Mausefalle" trifft beim König den wunden Punkt. Ganz existenziell. Sie ist nicht nur ein lehrreiches Gleichnis oder eine kluge Parabel, aus der er etwas lernen soll. Nein, sie will bewegen. Sie will aufdecken und aufrütteln. Sie erreicht dies, weil Hamlet sein Thema und seine Zielgruppe genau kennt. Und weil er weiß, wo er ansetzen muss. Wer diesen Punkt nicht sucht, wird kaum etwas erzählen, was Relevanz und wirklich Bedeutung hat.

Wer in Geschichten denkt, wer Marketing-Botschaften in Stories übersetzen will, braucht eben anderes Handwerkszeug, als man es im betriebswirtschaftlichen Marketingkurs lernt. Unternehmen haben erkannt, dass sich Stories hervorragend für ihre Zwecke nutzen lassen. Für Organisationsentwicklung, Öffentlichkeitsarbeit, Markenführung und Marketing. Mittlerweile ist die Fachliteratur dazu zahl- und auch hilfreich (z. B. Loebbert 2003; Frenzel/Müller/Sottong 2004). Sinnvolle

Anregungen allerdings sollte man unbedingt auch dort einholen, wo man sich schon länger mit Storytelling beschäftigt: bei Erzähl-, Dramen- und Drehbuchtheorie, Rhetorik, Semiotik und Philosophie (z. B. Stanzel 1979; Pfister 1982; Jakobson 1992; Barthes1988 sowie 2010). In unserer Arbeit geht es tagtäglich darum Markenspirit und -botschaften in wirksame Live-Kommunikationsmaßnahmen zu übersetzen. Storytelling ist dabei oft die hilfreichste Methode, weshalb wir sie konsequent einsetzen.

Für die Telekommunikationsmarke Arcor z. B. galt es durch Live-Messekommunikation ein breites Publikum anzusprechen und die Marke emotional zu transportieren. In der CeBIT-Show von 2008 kreierten wir für Arcor ein innovatives Showformat, das wesentlich auf Storytelling beruhte: eine rasante Verwechslungskomödie, eine „Physical Comedy" mit sechs erfundenen Zielgruppen-Charakteren, gespielt von vielseitig begabten Artisten. Sie wurden in drei ineinander verwobene Handlungsstränge verwickelt, die sich am Ende im Markenclaim „Es ist für Dich" auflösten.

Abbildung 1: Arcor auf der CeBIT 2008.
 Augenzwinkernde Geschichten aus den Arcor-
 Zielgruppen. Highspeed-Storytelling als mitreißende
 Show für ein breites Messe-Publikum

Für den Marken-Relaunch eines Medikamentes involvierten wir die Teilnehmer einer Veranstaltung selbst aktiv in eine Story. Die Idee dabei war, den Relaunch in Analogie zum Reset eines Computersystems zu setzen. Für den Kunden eine mutige Entscheidung, musste man damit auch zugeben, dass es wirklich einen Absturz gegeben hat. Der wunde Punkt wurde also zum Ausgangspunkt der Story, um dann zum Positiven gewendet zu werden. Die Teilnehmer durchlebten alle Phasen des Reset-Prozesses bis zum Neustart – vom Hardware-Check, über das Aufspielen neuer Software bis zum gemeinsamen symbolischen Drücken des Reset-Knopfes. Selbst Teil einer Geschichte zu sein, und den Verlauf der Handlung mitgestalten zu können, setzt oft ungeahnte Kräfte frei und ist die beste Basis für die nachhaltige Wirkung eines Events.

Abbildung 2: Reset. Der Marketing-Relaunch als Neustart. Eine Analogie wird zum Ausgangspunkt einer interaktiv inszenierten Story

Nicht nur deshalb ist eine Story dem, was gemeinhin als konzeptioneller „Roter Faden" benannt wird, weit überlegen. Der „Rote Faden" beschreibt, dass die Teile eines Konzeptes verbunden sein müssen, einen inhaltlichen oder gestalterischen Zusammenhang haben sollten. Wie der funktioniert, wie er gesponnen wird, das bleibt offen. Stories hingegen haben Struktur: Eine Exposition, eine Klimax, die Auflösung zum Ende hin. Stories leben von Helden, vom Spannungsaufbau, von überraschenden Wendungen. Wer Konzeption in der Live-Kommunikation daher als Storytelling begreift, kann vom Jahrhunderte alten Handwerk des Erzählens zehren, sich aber auch kreative Freiheiten nehmen, die den „Roten Faden" blass und alt aussehen lassen.

Denn am Ende entscheidet neben dem, was erzählt wird, eben auch das wie. Und so hat jede Zeit ihre eigenen Geschichten – neu gedacht, zeitgemäß interpretiert, mit einem „Dreh" versehen, der unerwartet ist, überraschend und frisch. Von Hamlet lernen und Heidi Klum einen Schritt voraus sein, darin liegt das Erfolgsrezept.

Garantiert.

Literatur

Loebbert, Michael: Storymanagement. Der narrative Ansatz für Management und Beratung. Stuttgart 2003.

Frenzel/Müller/Sottong: Storytelling. Das Harun-al-Raschid-Prinzip. Die Kraft des Erzählens fürs Unternehmen nutzen. München/ Wien 2004.

Stanzel, Franz K.: Theorie des Erzählens. Göttingen 1979.

Pfister, Manfred : Das Drama. München 1982.

Jakobson, Roman: Semiotik – Ausgewählte Texte 1919-1982. Frankfurt/Main 1992.

Barthes, Roland: Das semiologische Abenteuer. Frankfurt/Main 1988.

Barthes, Roland: Mythen des Alltags. Frankfurt/Main 2010.

12 Hybrid Events

Von Colja M. Dams, VOK DAMS Agentur für Events und Live-Marketing

Colja M. Dams ist seit 1998 geschäftsführender Gesellschafter der VOK DAMS Agentur für Events und Live-Marketing, die sich seit Gründung im Jahr 1971 mit ihrem Leistungsangebot auf direkte, erlebnis- und ergebnisorientierte Marketing-Kommunikation spezialisiert hat. Der an der Universität Witten/Herdecke graduierte Diplom-Ökonom erkannte frühzeitig die Bedeutung der Internationalisierung der Branche sowie die Bedeutung der Nähe zu seinen Kunden und setzte daher auf vernetzte Strategien. Dank seines Engagements hat die Wuppertaler Eventagentur mittlerweile weitere innerdeutsche Standorte in Berlin, Hamburg, München, Frankfurt und Stuttgart sowie Niederlassungen in Frankreich, UK, den USA, China und Dubai. Mit innovativen Ansätzen setzt er immer wieder neue Maßstäbe bei Events und Live-Marketing besonders in der Automobilindustrie, die durch Gründung von VOK DAMS Consulting ständig am Puls der Zeit weiterentwickelt werden.

Einleitung

Das Web ist überall um uns herum. Es ist als ständiger Begleiter Teil unseres Alltags geworden. So ist es zu jeder Zeit möglich den Status bei XING zu ändern, bei Facebook einen neuen Freund hinzuzufügen, bei last.fm Musik zu hören, den Webmaildienst von GMX zu nutzen oder aber auch zusammen mit Kollegen bei Google Text & Tabellen gemeinsam eine Tabelle zu erstellen. Menschen verabreden sich online und treffen sich dann offline, im realen Leben. Somit gewinnt die Planung von Events im Internet an Bedeutung.

Das Zeitalter des Web 2.0 hat sowohl die interpersonelle Kommunikation als auch die Kulturindustrie revolutioniert. Dabei stellt das Web 2.0 Marketing-Verantwortliche vor neue kommunikative Herausforderungen, auf Grund einer sich schnell verändernden Kommunikationsinfrastruktur und damit einhergehendem Kommunikationsverhalten der User. Gleichzeitig bietet das Web 2.0 aber auch neue Mittel und Wege die Kunden in einer Welt der Informationsinflation und Überflutung von Produkt- und Markeninformationen auf neuen Wegen zu erreichen, um durch innovative und kreative Kommunikationsstrategien eine hohe Markenbekanntheit sowie ein unverwechselbares Markenimage zu kreieren.

Eine besondere Rolle spielen hierbei emanzipierte Konsumenten, die sich als aktive Gestalter des Word Wide Web (WWW) verstehen. Diese aktiven Konsumenten schreiben, bloggen, posten, bookmarken, rezensieren, bewerten, kreieren und verbreiten Informationen über sich selbst, Marken, Produkte, Ideen und Geschehnisse mit nie dagewesener Geschwindigkeit und Intensität. Dies führt zu einer revolutionären Umschichtung der etablierten Informationsdistribution der klassischen Medien. Die Konsumenten stellen dabei ihre eigens kreierten Inhalte, den „User Generated Content" (UGC), der gesamten „Internet-Community" zur Verfügung. Dies geschieht über Social Media Plattformen wie Twitter, Facebook, StudiVZ, YouTube oder Xing, um nur einige der bekanntesten Plattformen zu nennen.

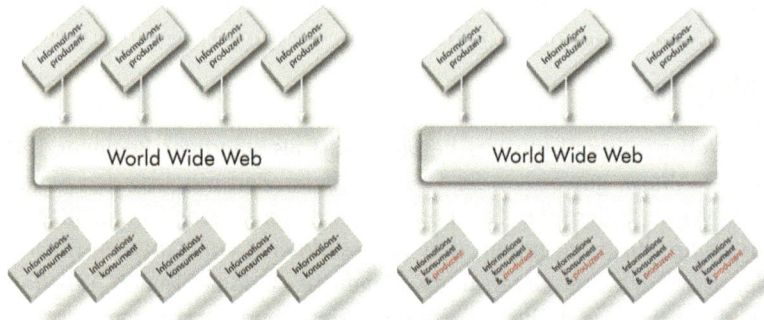

Abbildung 1: Web 1.0 und Web 2.0

Das Web 2.0 entwickelt sich immer mehr zu einem neuen Kontaktpunkt zwischen Unternehmen und Konsumenten. Dieser Kontaktpunkt wird immer häufiger in den Kommunikations-Mix von Unternehmen aufgenommen. Ziel ist es, die eigenen Zielgruppen gezielt anzusprechen, um einen Dialog zu fördern und eine Beziehung mit den Konsumenten zu forcieren. Durch einen eingeleiteten Dialog kann die Kommunikation verstärkt werden, so dass nicht nur das Unternehmen mit dem Konsumenten kommuniziert, sondern auch anders herum.

Diese neue Wahrnehmung des Kunden als Partner in einer Beziehung auf „Augenhöhe" wird als „New Dominant Logic of Marketing" verstanden.

Die Motivation der Menschen, Informationen mit anderen Menschen zu teilen, ist kein Phänomen, das mit dem Auftreten der ersten Social Web Plattformen einhergeht, sondern ist so alt wie die Menschheit selbst. Mundpropaganda oder Word-of-Mouth (WOM) wird seit es Menschen und deren Sprachen gibt betrieben, um Botschaften an andere weiterzuleiten.

Diese Mechanismen des WOM bieten vor allem im Social Web, aufgrund der Kommunikations- und Netzwerkstrukturen, immense Potenziale für die Verbreitung von (Marketing-) Botschaften. Das Social Web ist dabei nicht mehr nur als Medium zu betrachten, sondern ist mehr als globale Infrastruktur zu sehen, die die Unternehmenskommunikation radikal verändert und Verantwortliche auf Unternehmensseite vor neue Herausforderungen stellt.

Das Zwillingspärchen

Diese Allgegenwärtigkeit des Internets und der Social Media überträgt sich natürlich auch auf Events. Messen, Kongresse, Produktvorstellungen und Firmenjubiläen werden weiterhin in der realen Welt stattfinden, jedoch durch das Internet und die Infrastruktur der Social Media-Anwendungen ergänzt. So ist es möglich Teilnehmer einzuladen, sie zu begeistern, zu involvieren und hinterher mit ihnen in einen Dialog zu treten. Wir sprechen davon, dass das physisch reale Erlebnis des Events, als starkes emotionales Primärerlebnis, durch ein Erlebnis im Internet, das Sekundärerlebnis, erweitert wird. Das Internet bietet besonders viele Möglichkeiten in der Nachkommunikation die Teilnehmer abzuholen und weiter in Interaktion zu bleiben. So kann ein Event aber auch durch die späteren Teilnehmer (mit)gestaltet werden. Das „User Generated Event" wird Wirklichkeit. Für die Unternehmenskommunikation ist es wichtig, die Funktions- und Wirkungsweisen des Web X.0 und der Social Media zu verstehen, um abschätzen zu können, was für das eigene Unternehmen Sinn macht.

Events sind für die Social Media Enabler und die Social Media sind Endorser für Events. Das heißt, durch das Social Web kann real erstellter Content virtuell verbreitet werden. Die Social Media Kanäle dienen also dazu, den Mehrwert oder die Botschaft der Veranstaltung einer breiten Masse zugänglich zu machen. Weiterhin kann man durch die Verknüpfung der Social Media eine Vielzahl von Menschen erreichen und für das Event gewinnen. Das Social Web ermöglicht somit eine konkretere und genauere Planung eines Events im Vorfeld.

Durch die Social Media erreicht man eine Vielzahl an Rezipienten. Events und Live-Marketing schaffen Emotionen, relevante Inhalte und eine hohe Kontaktintensität.

In der Praxis werden Events und das Web X.0 als Zwillingspärchen bezeichnet. Die beiden Elemente ergänzen sich hervorragend. Durch die Verbindung werden Schwächen abgeschwächt und Stärken gestärkt. Live-Marketing wird einer breiten Masse zugänglich gemacht und die Social Media werden durch relevante Inhalte angereichert.

12 Hybrid Events

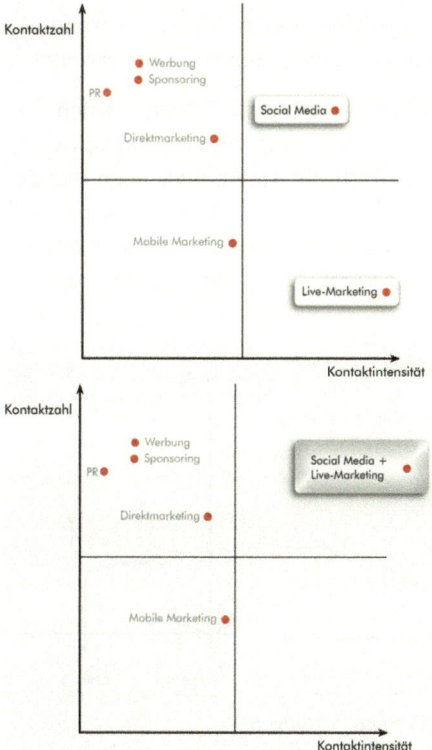

Abbildung 2: Veränderung des Live-Marketing

Es ist möglich, Events durch das Internet und die Social Media in neue Dimensionen zu führen. Das Event kann im Internet auch eigentlichen Nicht-Teilnehmern zugänglich gemacht werden.

Das Live-Marketing besteht also nicht mehr nur aus dem eigentlichen Event. Das Event selbst kann nicht nur vor Ort, sondern auch im Internet verfolgt werden oder im Nachhinein durch die Social Media in das Gedächtnis der Teilnehmer und die Aufmerksamkeit der Nicht-Teilnehmer gerückt werden.

Nach, vor und während eines Events gibt es enormes Kommunikationspotenzial. Dieses Potenzial muss in ein dem Konsumenten bewusstes Bedürfnis umgewandelt werden. Das Web X.0 und die Social

115

Media geben diesem Bedürfnis einen Kanal. Es kann dadurch die kommunikative Wertschöpfungskette eines Events erweitert werden.

Enorm ist auch der Einfluss auf die „Fan-Zahlen" in den Social Media. Durch die Interaktion bei den Events werden Markenwerte vermittelt und gelernt. Identifizieren sich die Teilnehmer auch nur zu einem gewissen Grad mit den angebotenen Events und Aktionen, ist es zum „Fan" nur noch ein kleiner Schritt – eine Verzahnung der Kanäle Event und Social Media vorausgesetzt. Diese Verzahnung muss künftig stärker forciert werden.

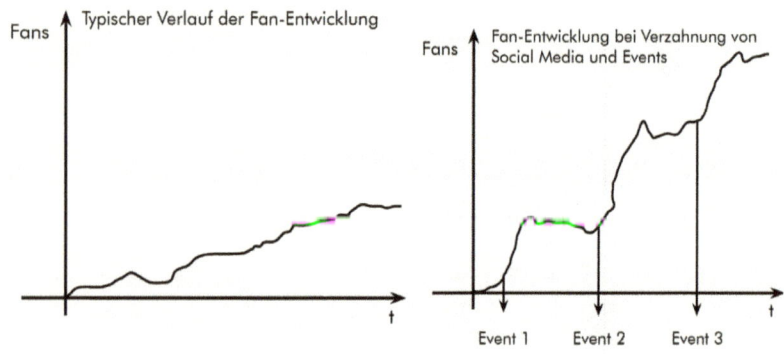

Abbildung 3: Fan-Entwicklungen

Manche Berater gehen sogar soweit zu sagen, dass ein Event, welches nicht im Internet diskutiert wird, nicht stattgefunden hat.

Fazit

Primärerlebnisse (Events) bieten intensive und nachhaltige Erlebnisse mit der Marke oder dem Produkt. Durch die Social Media und das Web X.0 werden Sekundärerlebnisse möglich, die immense kommunikative Strahlkraft besitzen. Die Kombination von Social Media und Events wird daher in vielen Unternehmen zunehmend gängige Praxis. Die Potenziale dieses Zwillingspärchens sind enorm. Vor während und nach dem Event sind starke „Fan-Zuwächse" zu beobachten, die heutzutage wesentliches Kapital von Marken und Produkten darstellen.

13 Eventagentur 2.0 – the next generation

Wie Social Media die Kommunikationsanforderungen an Kunden und Agenturen verändert

Von Peter Cramer, Panem et Circenses

Peter Cramer ist Marketing- und Kommunikationsberater aus Hamburg und bietet mit seinem Label „Panem et Circenses" (Brot vnd Spiele) die Beratung, Konzeption und Umsetzung von Maßnahmen der (Live-) Kommunikation vernetzt mit Social-Media-Marketing, in Verbindung mit PR und klassischem Marketing, an. Von 2004 bis 2008 war Peter Cramer für die internationale Werbeagentur „Publicis" an den Standorten Hamburg, Erlangen und München tätig. Anschließend, von 2008 bis 2010, baute er als Geschäftsleiter der Agentur „achtung!" in Hamburg und München den Bereich Live-Kommunikation an der Seite von PR erfolgreich auf. Seit mehr als zwei Jahren beschäftigt sich Cramer bereits intensiv mit der Symbiose von Event- und Social-Media-Marketing. Hierzu berät er Unternehmen und Agenturen, hält Vorträge und gibt Seminare.

Unendliche Weiten... und wenig Neues. So lässt sich ein Blick in die aktuelle Eventlandschaft zusammenfassen. Seit Jahren sind Eventkonzepte immer ähnlich und in ihren Grundzügen zumeist gleich. Und seit Jahren wächst der Markt derer, die um die Gunst der Kundschaft buhlen – zumeist mit immer denselben Konzepten.

Der Eventmarkt öffnet sich nach zwei Seiten. Zum einen mischen immer mehr Eventagenturen, aber auch Dienstleister aus vielen Bereichen der Eventbranche als Full-Service Generalisten mit und zum anderen entdecken die klassischen Werbe-, PR- und Online-Agenturen das Feld „Eventmarketing" für sich und ihre Kunden. Während erstere massiv – aufgrund subjektiver einseitiger Beratung hin zu ihren eigentlichen Kernleistungen – zur Einseitigkeit im Markt, damit zur Stagnation und somit zwangsläufig zu einem Preisverfall beitragen, entdecken letztere die Kraft einer Eventmaßnahme als Epizentrum einer erfolgreichen Kommunikationskampagne für ihrer Kunden. Und so wird manche PR- oder Online-Maßnahme an ein Event geknüpft – welches gleich von der PR-Agentur, oder Werbeagentur, mitorganisiert wird. Dazwischen stehen die klassischen Eventagenturen und müssen zum einen erkennen, dass ihnen der Markt der Exekutive durch die „Copy & Paste – Konzepte" ihrer (ehemaligen) Dienstleister streitig gemacht wird und zum anderen zusehen, wie Full-Service Kommunikationsagenturen ganzheitliche Kampagnen rund um ein – nicht selten – mittelmäßiges Event, mit allerdings sehr großem Erfolg, umsetzen. Die äußeren Rahmenbedingungen im bestehenden Markt haben sich also deutlich verschärft, aber nicht nur das, auch inhaltlich verändert sich aktuell einiges.

War bisher die persönliche Kommunikation in erster Linie dem Event vorbehalten, bekommt diese nun weitere Konkurrenz: nämlich durch eine wachsende Online-Kommunikation. Und damit schließt sich eine wahrliche Zwickmühle um so manche Eventagentur und es ist höchste Zeit, an der eigenen Positionierung kräftig zu feilen.

„In den ersten 10 Jahren der Internetrevolution drehte sich im Internet alles darum, Computer miteinander zu verbinden. Doch in den nächsten 10 Jahren wird sich alles darum drehen, Menschen miteinander zu verbinden" (Weinberg 2010, Vorwort S. 10), so Dave McClure, Interned-Nerd der ersten Stunde. Was McClure damit meint, ist, dass das Internet bisher ein reines Informationsmedium war und nur minimal bis gar nicht dialogfähig. Das ändert sich aktuell gewaltig. Das Web 2.0 ist dialogfähig und unterscheidet sich dadurch von seinem Vorgänger, dem Web 1.0.

Doch was machen die Menschen eigentlich im Internet? Was tun sie dort? Zumeist suchen sie nach Informationen. Sie informieren sich über aktuelle Nachrichten, Sportergebnisse, die Wettervorhersage für morgen, ein Unternehmen, etc. Wer ins Internet geht, der sucht in erster Linie. Und wenn Sie jetzt glauben, dass die User dabei auf die URL des Nachrichtensenders, der Zeitschrift, des Unternehmens oder, bei der Suche nach diesem Buch, auf die URL des Instituts für Messe-, Kongress- und Eventmanagement zugreifen, dann irren Sie sich. Das ist wesentlich einfacher, denn wir haben im Grunde alle gemeinsam dieselbe Hompage-URL und die heißt: www.google.de.

Im Dezember 2010 lag die Google-Nutzung in Deutschland bei 89,3 %, weltweit bei 84,7 % (SEO-United.de und netmarketshare.com). Das heißt knapp 90 % der User finden über Google zu dem Inhalt und der Page, die sie suchen – auch zu Ihnen und auf Ihre Homepage. Es lässt sich erahnen, wie wichtig daher das Suchmaschinenranking für Unternehmen und eben auch für Agenturen ist. Sie können also getrost darauf verzichten, Ihren Fimenwagen mit Ihrer Homepage-URL zu bekleben, oder diese auf Ihre Vistitenkarte zu drucken. Das merkt sich eh keiner. So haben in den USA bereits erste Unternehmen damit begonnen, auf Visitenkarten, neben dem Namen des Unternehmens, der Stadt, dem Namen der Person sowie seine Funktion nur zwei weitere Worte zu drucken, nämlich: „google me!"

Gefunden werden in erster Linie die, die sich aktiv am Online-Dialog beteiligen, der Dank einer großen Anzahl an Plattformen, wie Facebook, Xing, LinkedIn, Twitter, Lokalisten, etc. themenorientiert und stetig wächst. Den aktiven Austausch von Usern auf solchen Community-Websites, über Erfahrungen, Informationen und Sichtweisen nennt man Social Media (Soziale Medien). Aber es ist nicht nur die Vielzahl der Plattformen, welche die Anzahl derer, die sich daran beteiligen rasant wachsen lässt, es sind vor allem die ständig verbesserten mobilen Endgeräte, also die Smartphones und die verbesserten W-Lan-Netze, die als Motor für diesen Wachstum fungieren und für eine rege Online-Beteiligung sorgen. Es ist heute kinderleicht sein Twitter-, Facebook-, Xing-, oder LinkedIn-Portal via Handy zu bedienen und das von nahezu jedem Ort der Welt. Geografische Grenzen fallen.

Spannend ist der Aspekt, dass die Beteiligung auf den Plattformen für eine erhöhte Online-Wahrnehmung, insbesondere im Suchmaschinen-Ranking, sorgt. Und das bekommt eine immer höhere Relevanz, da immer mehr Menschen online sind.

In Deutschland werden die Social Media Angebote immer beliebter. Laut der aktuellen ARD/ZDF-Onlinestudie 2010 (www.adr-zdf-online studie.de) sind in der Altersklasse 14 bis 19 Jahren nahezu 100 % online (vor 10 Jahren waren das gerade mal 48,5 %). In der „Generation Y", also in der Generation der Berufseinsteiger, liegt die Online-Nutzung bei rund 99 %. 81 % der 14- bis19-Jährigen, 65 % der 20- bis 29-Jährigen und 44 % der 30- bis 39-Jährigen nutzen dabei regelmäßig Social Media Communities. In den nächsten zwei Jahren wird diese Entwicklung voraussichtlich rasant fortschreiten, vieles spricht dafür. Die Online-Kommunikation wird sich massiv weg von der E-Mail und hin zu den Communities verschieben. Experten sagen bis Ende 2012 einen Rückgang des E-Mail Verkehrs um rund 50 % voraus.

Festhalten lässt sich, dass Social Media kein kurzfristiger Trend oder gar nur eine Modeerscheinung ist, sondern viel mehr: Social Media ist ein tiefgreifender Wandel im Lebenstil sowie Freizeit- und Kommunikationsverhalten der Menschen. War das Internet bis vor kurzem ein reines Informationsmedium, so hat es sich in den letzten Jahren immer mehr auf soziale Kontakte und Netzwerke ausgerichtet. Damit ist es dialogfähig und zu einem spannenden Marketing-Kanal geworden, abseits von klassischer Online-Werbung. Ein Kanal, der große Ähnlichkeiten mit der Kommunikation von Angesicht zu Angesicht aufweist – einer Kommunikation wie sie bisher dem Eventmarketing vorbehalten war. Damit bekommt die Eventkommunikation eine Konkurrenz. Sicherlich keine gleichwertige, denn der persönliche Dialog lässt sich nicht durch einen virtuellen ersetzen, aber dennoch eine, die künftig bei Eventkonzepten nicht außer Acht gelassen werden darf.

Die Zeiten nicht integrierter Eventmaßnahmen sind vorbei. Dem Eventmarketing geht es da genauso wie allen anderen Kommunikationsdisziplinen auch: wer heute erfolgreich kommunizieren will, kommt nicht umher zielgruppenrelevante Kommunikations-Cocktails zu mixen, die sich über mehrere Kommunikationskanäle erstrecken. Dabei gilt es, diejenigen Kanäle zusammenzustellen, mit der die Zielgruppe und die Ziele erreicht werden. Und nicht selten eignet sich eine Eventmaßnahme durchaus als Epizentrum einer kraftvollen Kommunikationskampagne. Umfänglich erfolgreich ist ein Event aber nur dann, wenn dies in den begleitenden Kommunikationskanälen ebenso funktioniert und nicht nur mitläuft. Erfolgreiche Events sind Eventkonzepte, die in einen Kommunikationsmix integriert und in allen begleitenden Kanälen erfolgreich sind.

Daraus ergeben sich für eine Eventagentur zukünftig neue Anforderungen an die Eventkonzeption. Der Fokus liegt zunächst auf der qualifizierten Auseinandersetzung mit der Zielgruppe und den Zielen und weniger in der Auseinandersetzung mit möglichen Umsetzungsszenarien von Events. Mit Hilfe von Markt-Media-Analysen, MaFo-Ergebnissen, Consumer-Insights und anderen Maßnahmen des Zielgruppen-Profilings lassen sich grundlegende Erkenntnisse über die Zielgruppe und die relevanten Kanäle, über welche sich selbige erreichen lässt, gewinnen. Darauf baut dann die Konzeption auf, die allerdings nicht nur nach den Regeln des Eventmarketings greifen muss, sondern die

Konzepte müssen so kreiert sein, dass sie auch in den begleitenden Kommunikationskanälen eigenständig funktionieren. So muss das Konzept z. B. die Regeln guter PR-Konzepte, oder die Belange des Social Media Marketings berücksichtigen. Daran werden sich zukünftig Eventagenturen messen lassen müssen.

Die Konzeption von integrierten Events ist etwas völlig anderes als eine herkömmliche Eventkonzeption. Das Eventkonzept mutiert zu einer vollwertigen Kampagnenkonzeption mit einem Event im Zentrum und als Motor der Kommunikation über alle relevanten Kanäle.

Um solche Konzepte entwerfen zu können, sind fundierte Kenntnisse um Wirk- und Funktionsweise von relevanten Kommunikationskanälen, aber auch tiefgreifende Kenntnisse über die Zielgruppe, unumgänglich. Insbesondere über die Einsatz- und Wirkweise von Social Media Marketing an der Seite eines Events. Der Online-Dialog auf sozialen Plattformen ist das virtuelle Pendant zum physikalischen Event und hebt damit die zeitlichen Grenzen eines Events – also sein Anfang und sein Ende – auf. Damit gewinnt es an Reichweite, inhaltlicher Relevanz und Präsenz – das fehlt bis heute vielen Eventkonzepten. So ergeben sich völlig neue Perspektiven und Möglichkeiten für das Eventmarketing. Und Perspektiven hat eine Branche die überfüllt ist mit „Me-too-Anbietern" und „Copy & Paste-Konzepten" bitter nötig. Hier haben Eventagenturen die Chance sich zu positionieren, ihr Leistungsprofil zu schärfen und neben der Exekutive von Events, auf Augenhöhe mit anderen Kommunikationsdisziplinen, eine wichtige Rolle in der Unternehmens- und Markenkommunikation zu spielen. Davon sind sie aktuell zumeist weit entfernt.

Gleichzeitig betrifft das Web 2.0 nicht nur Kunden und zukünftige Events, sondern die Eventagenturen sind ebenso betroffen, wie alle anderen Unternehmen auch. Niemand kann sich der Entwicklung des Internets verschließen, denn die Kommunikation im Netz über Unternehmen, Agenturen, Produkte und Leistungen hat längst begonnen und es stellt sich für ein Unternehmen nicht die Frage, ob es dies will oder nicht, sondern nur noch die Frage, ob es sich an diesem Dialog aktiv beteiligen möchte oder nicht. So oder so: der Dialog findet statt. Ein solcher Dialog hat einen völlig neuen Aspekt, nämlich den einer sehr große Transparenz. Unternehmen wie Agenturen müssen zunächst einmal lernen, damit umzugehen. Reichten bisher die klassischen Push-Kanäle aus, um ein Leistungsspektrum und die Werbung für Leistungen und Produkte zu streuen, so hat sich das heute grundlegend geändert. Die Zielgruppen von Agenturen und Unternehmen konsumieren deutlich weniger die klassischen Medien, sondern sie bewegen und informieren sich im Internet. Der Dialog hier ist grundlegend anders und während ein Unternehmen bei der Werbung über die klassischen Kanäle im Hintergrund bleiben konnte, kann es das beim Social Media Dialog nicht. Dieser muss nämlich, soll er glaubwürdig sein, auch maximal transparent sein. Unglaubwürdigkeit dagegen ist für jedes Unternehmen ein Reputations-Kollateralschaden und das nicht nur online.

Nicht nur Unternehmen, auch Agenturen müssen heute aktiver und transparenter kommunizieren, um ihr Zielpublikum zu erreichen (vgl. Eck 2010, S. 10). Eventagenturen müssen zukünftig nicht nur wissen, wie sie ihre Kunden erreichen, sondern auch, wie sie online die Teilnehmer der für ihre Kunden geplanten Maßnahmen wie Events, Roadshows, Incentives, Tagungen, etc. erreichen.

Viele in der Branche sind der Ansicht, dass Social Media nur ein kurzfristiger und vorübergehender Hype und „Nur-eine-Phase" sei. Doch diese Hoffnung ist vergeblich. Das meint u. a. auch die Schriftstellerin und Web-Journalistin Kathrin Passig in einem Interview in der Tagesschau: *„Facebook soll bitte wieder bedeutungslos werden. Und weil Facebook das größte soziale Netzwerk ist, verschwinden logischerweise alle kleinerer auch gleich mit. Danach sieht das Leben wieder genauso aus wie früher und niemand muss sich Sorgen machen, weil er keinen rechten Anschluss an die neuen sozialen Sitten findet. (...) Die schlechte Nachricht für Anhänger des „Nur-eine-Phase"-Glaubens: an Stelle von Facebook wird nicht der Prä-Facebook-Zustand treten, sondern Angebote, die noch viel stärkere Verwerfungen in unseren sozialen Gepflogenheiten mit sich bringen."* (Passig, zitiert aus Eck 2010, S. 18).

Wer sich online auf Plattformen wie Xing, Twitter, LinkedIn, Facebook, Foursquare, etc. einen Namen macht und eine Vielzahl von Kontakten aufbaut, weil es ihm gelungen ist sich transparent und vertrauenswürdig zu präsentieren, wird es in Zukunft leichter haben, Aufträge zu akquirieren. So einfach ist das. Dafür ist es aber zukünftig nötig, dass Agenturen ihre wirtschaftlichen, sozialen und ökologischen Aktivitäten transparent darstellen, um glaubwürdig zu sein. Erste Unternehmen machen das bereits erfolgreich vor. Als Grundregel gilt, dass mangelnde Transparenz für einen erfolgreichen Dialog im Web 2.0 kontraproduktiv ist. Das ist in einer Branche, die alles andere als transparent ist – weder in ihrer Informations- noch in ihrer Finanzpolitik – sicherlich nicht einfach. Auf dem Online Portal einer großen MICE-Agentur aus Deutschland beantworteten bei einer Umfrage die Frage: *„Verrät man Dienstgeheimnisse, wenn man die Serviceleistungen von DMC's, Hotels, usw. an Kollegen weiterempfiehlt?"* satte 74,52 % der Befragten mit JA (http://www.tmf-forum.de/index_de,145286.html)! Daran lässt sich gut ablesen, wie es um die Transparenz in weiten Teilen der Eventbranche bestellt ist. Von der nötigen Transparenz, um im Social Media Dialog langfristig zu bestehen, ist das weit entfernt. Und dennoch wird das der einzige Weg sein, sich unter den neuen Anforderungen zu positionieren.

Wer online nicht einen Reputations-Schaden erleiden will, muss sich zukünftig mit solchen Dingen auseinandersetzen. Schon gibt es erste Portale, auf denen Missstände in Unternehmen und Agenturen an den Online-Pranger gestellt werden. So gibt es auf Facebook die Gruppe „Gegen schwarze Schafe" (http://www.facebook.com/gegenschwarze schafe), eine Initiative der Mitglieder des Fachgruppenausschusses der Fachgruppe Werbung & Marktkommunikation, Wien (FGWW), Österreich. Dieses Facebook-Portal hat bereits über 1000 Fans, Tendenz steigend. Hier werden Unternehmen an den Pranger gestellt, die Agenturen wie selbstverständlich zu kostenlosen Wettbewerbs- und Leistungspräsentationen, sog. Pitches, auffordern, oder andere Unsitten gegenüber Agenturen frönen. Unlängst fand sich dort auch die Österreich Werbung Deutschland GmbH aus Berlin am Pranger wieder, die – so der Vorwurf – deutsche Eventagenturen zu einem unbezahlten Pitch für eine Event-Roadshow durch Deutschland aufgefordert habe. Bekanntlich ist besonders in der Eventbranche die Unsitte, Agenturen ohne Abstandshonorar pitchen zu lassen, weit verbreitet. Das beklagte Unternehmen wies diesen Vorwurf strikt und mehrfach von sich, blieb aber eine glaubwürdige Stellungnahme bis zum Schluss schuldig. Das österreichische Fachblatt „Extradienst – Informationen über die Kommunikationsbranche" (mit einer Print-Auflage von 12.380 Exemplaren und 89,6 Mio Page Views in 2010, Quelle: http://www.extradienst.at/fileadmin/pdf_any/Extradienst_2011.pdf) berichtete dann entsprechend so darüber: „Schnell reagiert hat die Österreich Werbung Deutschland auf die namentliche Nennung. Sowohl Martina Pürkl vom Kundenmanagement der Österreich Werbung relativiert die erhobenen Vorwürfe, wie auch Mag. Michael Duscher, Leiter des Kundenmanagements der Österreich Werbung Deutschland GmbH. Duscher stehe „voll hinter dem Ziel, die Arbeit der Agenturen zu honorieren", um dann Punkt für Punkt auf die geäußerte Kritik einzugehen. Vernebelt wird dabei freilich, ob nun Abstandshonorare gezahlt wurden oder nicht..." (http://www.extradienst.at/Artikel.53+M526f1e8b5ff.0.html) Damit ist die Reputation – auch der ausführenden Eventagentur – beschädigt. Das hätte durch korrektes Verhalten und einer transparenten und ehrlichen Kommunikation vermieden werden können. Man darf gespannt sein, was die Beteiligten daraus gelernt haben.

Wer glaubt, dies wären Einzelfälle und würden es auch bleiben, der dürfte sich irren. Es ist nur eine Frage der Zeit bis es erste Bewertungsportale für Eventagenturen geben wird, in denen „Tacheles geredet" wird, und Online-Portale, die auf Missstände und Unsitten Einzelner in der Branche hinweisen. In naher Zukunft werden sich vermutlich die öffentliche Hand und Agenturen zu dem Thema „Öffentliche Ausschreibung von Events" ebenso äußern und sich Vorwürfen stellen müssen, wie es unlängst Unternehmen wie BP (Ölkrise), Nestle (Palmöl), JAKO oder Jack Wolfskin (beide fragwürdige Blogger Abmahnungen), u.v.a. bereits tun mussten und müssen.

Sich als Eventagentur der Online-Kommunikation im Web 2.0 zu verweigern wäre falsch. Wer nicht daran teilnimmt, wird verlieren. Das bedeutet zukünftig für Eventagenturen, dass sie ebenso einen Kommunikationsmix zu und um ihre Leistungen pflegen müssen, wie ihre Kunden das auch müssen. Hier wird es auch nicht helfen „Wasser zu predigen und Wein zu trinken", hier hilft nur, sich auf die neuen Grundregeln des Web einzulassen: Transparenz und Dialog.

So sollten Agenturen sich dringend auf die neuen Anforderungen einstellen und die beginnen mit einem dialogfähigen Internetauftritt der eigenen Homepage, einem offen Dialog über Leistungen, Vergütungen und Know-how, bis hin zu einer aktiven Beteiligung mit Rat und Tat in Foren, auf Blogs und in Communities. Das ist sicherlich mit viel Arbeitsaufwand verbunden, wird aber zukünftig in großen Teilen dazu beitragen, für welche Eventpartner sich Unternehmen entscheiden und für welche nicht.

    Internet: www.brotvndspiele.de

Literatur

Eck, Klaus: Transparent und glaubwürdig, Das optimale Online Reputation Management für Unternehmen. München 2010.

Weinberg, Tamar (Hrsg.): Social Media Marketing. Strategien für Facebook, Twitter & Co. Köln 2010.

14 Wie sag ich's dem Autopilot? – (Be)Lohnende Inszenierung von Events

Von Dr. Björn Held, decode Marketingberatung

Dr. Björn Held ist promovierter Psychologe mit langjähriger Erfahrung im quantitativen und qualitativen Research großer Markenartikler. Nach seiner Promotion an der University of London (1996) entwickelte er bei Unilever Research in England die ersten impliziten Methoden für die Konsumentenforschung als Alternative zu den gängigen expliziten Marktforschungsparadigmen. Von 2005 bis 2009 leitete Dr. Held die deutsche Marktforschung der Beiersdorf AG und ist seit 2010 als Brand Strategy Advisor bei Beiersdorf tätig. Zuvor war er für Unilever Deutschland in den Bereichen Product Development und Consumer Insights sowie bei Millward Brown als Client Service Director und Leiter der qualitativen Marktforschungsabteilung tätig.

Wo waren Sie am 11. September 2001? Wo haben Sie das Finale der Fußballweltmeisterschaft 1990 gesehen, in dem Deutschland Weltmeister wurde?

Diese Fragen können Sie wahrscheinlich ohne größere Probleme beantworten, obwohl die Ereignisse schon lange zurück liegen. Wahrscheinlich wissen Sie auch noch viele Details der Situationen, z. B. mit wem, wo und wann Sie das Erlebnis hatten. Warum ist das so? Wie die moderne Neurowissenschaft zeigt, spielen Emotionen beim Wahrnehmen, Interpretieren, Speichern und Erinnern von Informationen eine zentrale Rolle. Deshalb hinterlassen emotional involvierende, besondere Momente im Gehirn tiefere Spuren als gewöhnliche Alltagssituationen (z. B. Damasio 1994).

Events bieten eine gute Möglichkeit, solche „emotionalen Erlebniswelten" zu schaffen und Zielgruppen nachhaltig zu binden (z. B. Bischof 2008). Dazu kommt, dass Events die Teilnehmer mit allen Sinnen involvieren, da sie vor Ort sind. Das ist ein wesentlicher Unterschied zwischen Events und klassischen ATL Formaten wie TV oder Print. Die Sinne haben eine enorm große Kapazität und es können mehr als 11 Millionen Bits pro Sekunde implizit verarbeitet werden. Von diesen 11 Millionen Bits wird uns jedoch nur ein minimaler Bruchteil von rund 40 Bits pro Sekunde *explizit und bewusst*. Ein Großteil der Verarbeitung dessen, was wir bei Events wahrnehmen, findet also *implizit und unbewusst* im Gehirn statt.

Sinnesorgan	Sensorische Bandbreite (Bits pro Sekunde)	Bandbreite des Bewusstseins (Bits pro Sekunde)
Auge	10.000.000	40
Ohr	100.000	30
Haut	1.000.000	5

Abbildung 1: Das Gehirn verarbeitet sehr viel mehr Information, als uns bewusst wird

(Quelle: Scheier und Held 2006)

Zwei Systeme im Gehirn

Implizite und explizite Prozesse finden im Gehirn in unterschiedlichen Strukturen statt und haben unterschiedliche Eigenschaften. Wie Abbildung 2 zeigt, ist das implizite ‚System 1' schnell und es arbeitet parallel, mühelos und automatisch. Wie der Autopilot eines Flugzeuges steuert das System 1 den Menschen durch den Alltag, z. B. bei der Autofahrt ins Büro, und es wird angenommen, dass es zwischen 80 und 95 % der Kaufentscheidungen der Konsumenten steuert. Das explizite ‚System 2' ist mit Bewusstsein assoziiert und verarbeitet Informationen langsam, nacheinander (seriell), regelgeleitet und willentlich steuerbar. Wie ein Pilot kann sich das System 2 nur auf eine Sache gleichzeitig konzentrieren, wobei es sich aber flexibel auf neue Situationen einstellen kann, z. B. kann der Pilot sich auf eine Umleitung gesperrte Straße bei der Autofahrt ins Büro einstellen (hier versagt so mancher Navi, der halt doch nur ein Autopilot ist, der Routinen abspult) .

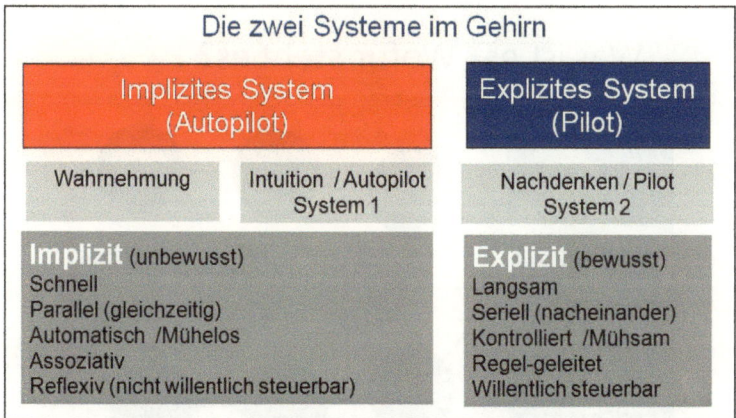

Abbildung 2: Das explizite und implizite System
(Quelle: Nobelpreis-Rede von Daniel Kahneman 2002)

Das implizite System steuert nicht nur den überwiegenden Teil des Verhaltens, sondern implizite Prozesse liegen auch der Wahrnehmung, Analyse und Bewertung von Signalen zugrunde. Alles was wir bewusst wahrnehmen, ist also bereits vom impliziten System verarbeitet und analysiert worden. Hierbei analysiert das implizite System Signale, die mittels der menschlichen Sinne codiert werden, und extrahiert deren Bedeutung. Die Bedeutung von Codes speist sich aus zweierlei Quellen. Entweder ist Bedeutung *genetisch* determiniert (z. B. sexuelle Schlüsselreize oder das „Kindchen-Schema" mit seinen großen Augen und weichen, rundlichen Formen, das beispielsweise bei Mickey Mouse, Donald Duck oder in japanischen Manga Comics verwendet wird) oder Bedeutung ist *kulturell* determiniert und wurde im Rahmen der Sozialisation vom Gehirn erlernt (Wilson 2004). Somit ist die Bedeutung von Codes nicht beliebig sondern Bedeutungen werden im jeweiligen Kulturkreis geteilt, wie das Beispiel der Becks Werbung in Abbildung 3 demonstriert.

Abbildung 3: Das Becks Werbemotiv

Das Becks Werbemotiv ruft bei Betrachtern aus unserem Kulturkreis bestimmte Assoziationen hervor, die durch die dargestellten Objekte wie Dreimaster, Ozean und Himmel oder auch die Farben Grün, Weiß und Blau als Codes mit bestimmten Bedeutungen und Belohnungen verknüpft sind. Dies alles geschieht implizit und ohne Anstrengung, per Autopilot. Erst wenn wir darüber nachdenken und dem Bild Aufmerksamkeit schenken, d.h. unseren Piloten einschalten, werden uns bestimmte Aspekte der Bedeutungen und Assoziationen des Bildes bewusst und explizit benennbar.

Belohnungen und Ziele

Menschliches Verhalten wird durch Motive und Bedürfnisse bestimmt, aus denen sich bestimmte Ziele ableiten lassen. Marken, Produkte oder Dienstleistungen helfen Menschen dabei, Ziele, Motive und Bedürfnisse zu befriedigen. Das „Zürcher Modell der sozialen Motivation" von Norbert Bischof (1993), welches sowohl der Limbic Map® der Gruppe Nymphenburg als auch dem Belohnungsraum der decode Marketingberatung (siehe Abb. 4) als Grundlage dient, geht davon aus, dass es drei Grundmotivationen oder „Belohnungen" gibt, die menschliches Verhalten steuern: *Sicherheit, Autonomie* und *Erregung*. Marken und die Codes, die in Produkten und deren Kommunikation Verwendung finden, werden vom Autopiloten automatisch mit diesen drei Grundmotiven verknüpft und bieten so implizite psychologische Belohnungen, die in ihrer Ausprägung zwischen verschiedenen Marken variieren. So bietet die Marke Becks in ihrer Kommunikation beispielsweise starke Belohnungen im Bereich Erregung und Abenteuer, die Marke VOLVO bietet starke Belohnungen im Bereich Sicherheit und die Partei FDP bietet starke Belohnungen im Bereich Autonomie.

Abbildung 4: Der decode Belohnungsraum

(Quelle: Scheier und Held 2006)

Events sind soziale Situationen in denen Konsumenten mit allen Sinnen angesprochen werden

Aus der Eventforschung wissen wir, dass ein Event in der Regel nicht nur besser erinnert als beispielsweise ein Werbespot oder ein Plakat, sondern dass Events auch intensiver erlebt werden. Das intensivere Erleben von Events ist auf verschiedene psychologische Mechanismen zurückzuführen, von denen hier zwei der wichtigsten Mechanismen kurz vorstellt werden.

- **Das „Social Proof" Prinzip**

Das „Social Proof" Prinzip beruht auf der Existenz einer impliziten Heuristik (Daumenregel) die der Autopilot anwendet: „Wenn Andere in einer Situation etwas tun oder auf eine bestimmte Art empfinden, dann wird es schon richtig sein, in dieser Situation das Gleiche zu tun oder zu empfinden" (siehe Cialdini 2008). „Lachkonserven" bei Comedy Shows oder Soaps funktionieren nach dem Social Proof Prinzip: „Wenn alle Leute über etwas Lachen, dann wird es wohl witzig sein und ich lache auch."

Das Social Proof Prinzip wird seit Generationen von „Eventmanagern" angewendet, um ihr Publikum zu begeistern. Cialdini schildert ein Beispiel aus dem Jahr 1820, in welchem er das Phänomen der *claque-re* der Pariser Oper beschreibt. *Claquere* saßen bei Opernaufführungen zwischen den normalen Gästen im Publikum, doch im Unterschied zu diesen Gästen wurden sie dafür bezahlt, an bestimmten Stellen, nämlich dann wenn der *chef de claque* das Signal gab, zu klatschen. Ihre Bezahlung richtete sich nach Intensität und Dauer des Applauses der von ihnen gespendet wurde. Der Applaus der *claquere* steckte die anderen Gäste an und ließ sie die Aufführung positiver erleben.

Erfolgreiches Eventmanagement sollte das Social Proof Prinzip berücksichtigen und sicher stellen, dass die Gäste positive Reaktionen auf den Events zeigen, denn in Gegenwart Anderer erleben wir ähnliche Emotionen wie die Anderen – ob nun „Panik" bei der Loveparade in Duisburg oder „Freude" bei dem Gesangsevent, den die Telekom mit Paul Potts zum 20. Jahrestag des Mauerfalls im Leipziger Hauptbahnhof veranstaltete.

- **Sensory Enhancement**

Der Begriff „Sensory Enhancement" bezeichnet das Phänomen, dass Sinnesreize, die über verschiedene Modalitäten wahrgenommen werden, sich in ihrer Wirkung nicht nur summieren sondern sogar multiplizieren können. Das Ganze ist somit mehr als die Summe seiner

Teile. Dieser Verstärkungsmechanismus funktioniert allerdings nur, wenn der Input, der das Gehirn über die verschiedenen Sinnesmodalitäten erreicht, in sich stimmig ist. Wir alle kennen das Phänomen, dass in einem Restaurant mit gutem Essen, stilvoller Einrichtung und freundlicher Bedienung die Atmosphäre einfach nicht stimmt, weil die falsche Musik gespielt wird oder es aus der Küche riecht.

Für das erfolgreiche Eventmanagement ergibt sich aus dem Sensory Enhancement Mechanismus, dass Events ganzheitlich gesteuert werden müssen, um sicher zu stellen, dass die Signale in verschiedenen Sinnesmodalitäten sich optimal ergänzen und einheitliche Belohnungen codieren.

Erfolgreiches Eventmanagement ist erfolgreiches Belohnungsmanagement

Aufmerksamkeitsstarke Inszenierungen und hohe emotionale Involviertheit sind Erfolgsfaktoren für die Marke, wenn der Event zur Marke und ihren Belohnungen passt – sie sind aber kein Erfolgsgarant „an sich". Außerdem lassen sich aufmerksamkeitsstarke *emotionale Erlebniswelten* aus einer Vielzahl von Gründen nicht immer realisieren: mal ist das Eventbudget zu klein, mal bietet der Anlass, die äußeren Rahmenbedingungen oder die Marke nur ein begrenztes Erlebnispotenzial. Für Hersteller von Ruhesesseln oder von Entspannungsbädern (z. B. Kneipp oder Abtei) dürfte es wenig erfolgversprechend sein, einen aufmerksamkeitsstarken Techno-Rave oder ein Heavy-Metal Festival auszurichten, auch wenn solch ein Event einen hohen Erlebniswert hätte (und im Anschluss, im Rahmen der Regeneration des Publikums, Verwendungsanlässe für beide Produktkategorien gegeben sind). Event und Marke müssen zusammen passen und konsistente Belohnungen codieren.

Events bieten die einzigartige Möglichkeit, die Belohnungen der Marke in einem neuen Kontext zu inszenieren und dabei Sinne und Emotionen anzusprechen, die an anderen Touchpoints nicht angesprochen werden können. Um die Marke optimal zu inszenieren und die Zielgruppe nachhaltig zu binden, ist es wichtig zu verstehen, welche Belohnungen die Marke für die Zielgruppe bietet und welche Belohnungen durch Aktionen und Gestaltungselemente wie z. B. Veranstaltungsort und -anlass, Musik, Farben, Düfte oder Beleuchtung generiert werden. Solch ein Verständnis kann man beispielsweise durch qualitative und quantitative Marktforschung erlangen, die projektive und indirekte Verfahren (z. B. Reaktionszeitmessungen) verwendet, um implizite Bewertungen und Belohnungen aufzudecken. Eine weitere Methode, mit zunehmend breiterer Verwendung, ist die semiotische Expertenanalyse, durch die kulturell bedeutsame, jedoch häufig nur schwer verbalisierbare und explizierbare Bedeutungen und Belohnungen aufgedeckt werden können. Obwohl diese Belohnungen und Bedeutungen schwer explizier- und verbalisierbar sind, werden sie direkt von Autopiloten, dem impliziten System 1, dekodiert und stellen so einen wesentlichen Erfolgsfaktor von Events dar.

Aufmerksamkeitsstarke Events sind nur hilfreich, wenn sie die Belohnungen der Marke bieten

An einem konkreten Beispiel aus der Politik wird der potenzielle Nutzen von semiotischen Expertenanalysen recht deutlich, denn hier ist die Analyse der Belohnungen und Bedeutungen der Gestaltungselemente der Wahlkampfkampagne für die Bundestagswahl 2002 „kinderleicht" (siehe Abb. 5).

Abbildung 5: Das „Guidomobil" aus dem FDP Wahlkampf 2001

(Quelle: Foto aus Internet)

Es geht um das „Guidomobil" mit dem Guido Westerwelle, häufig Schuhe mit der Zahl „18" unter der Sohle tragend, auf verschiedenen Events auftrat. Die Kampagne war sehr aufmerksamkeitsstark und wird bei Wikipedia (30.12.2010: http://de.wikipedia.org/wiki/Strategie_18) wie folgt beschrieben.

> „So bewarb Guido Westerwelle das Projekt 18 in einem gelb-blauen Wohnmobil das mit www.guidomobil.de beschriftet war und auf Volksfesten, bei Schwimmbädern und Stränden und einer McDonalds-Filiale eingesetzt wurde. Westerwelle trug teils eine darauf abgestimmte Kleidung und versuchte vor Ort, interessierte Bürger für seine Partei zu gewinnen."

Die FDP gilt vielen als die Partei der Zahnärzte und Anwälte, kurz als die Partei der Besserverdienenden. In der Begriffsliste des Belohnungsraumes in Abbildung 4 zeigt sich, dass besonders die Begriffe des Feldes „Autonomie" (z. B. Leistung, Anerkennung, Einfluss, Erfolg) einige der zentralen Belohnungen der FDP gut beschreiben.

Wenn nun die FDP Autonomie als zentrale Belohnung hat, wie gut passen die Belohnungen und Bedeutungen der Guidomobil-Kampagne zu den FDP Belohnungen? Das Bauchgefühl, welches auf dem Wirken des Autopiloten im impliziten System 1 beruht, sagt spontan: „Das passt nicht wirklich gut zusammen!" Um zu verstehen, wie der Autopilot zu dieser Aussage kommt, schauen wir uns kurz an, was ein deutscher Autopilot über Dinge wie das Guidomobil gelernt hat. Ein Semiotiker könnte z. B. fragen, „Woher kennt der Autopilot Dinge wie das Guidomobil und was macht man damit?" Man käme schnell auf die Antwort, dass man Dinge wie das Guidomobil durch Dinge wie Playmobil, das Feuerrote Spielmobil oder anders Spielzeug kennt – somit wäre die zentrale Belohnung eines Guidomobils auf keinen Fall aus dem Bereich „Autonomie", sondern eher im Bereich „Erregung" oder „Genuss" anzusiedeln.

Alternativ oder zusätzlich zu solch einer „semiotischen" Herangehensweise könnte auch eine empirische Analyse, z. B. via Reaktionszeitparadigma, durchgeführt werden, um das Belohnungsprofil der Guidomobil-Kampagne und das der FDP zu ermitteln. Beide Methoden würden feststellen, dass das Belohnungsprofil des Guidomobils und seine Einsatzorte wie Volksfeste, Schwimmbäder, Strände oder McDonalds Filialen, eher mit Belohnungen aus den Bereichen „Erregung und Genuss" assoziiert sind, als mit der Belohnung „Autonomie", die ja den Kern der FDP Belohnungen darstellt.

Folglich waren die Events mit dem Guidomobil zwar aufmerksamkeitsstarke Inszenierungen (wir alle können uns an das Guidomobil erinnern), jedoch waren sie ungeeignet, die FDP-Zielgruppe nachhaltig an die Partei zu binden – was sich in dem Wahlergebnis von 7,4 % für die FDP, statt der angestrebten 18 %, bei der Bundestagswahl 2002 manifestierte.

Fazit

Aufmerksamkeitsstarke Events sind nur dann hilfreich, wenn sie dem Autopiloten markenrelevante Belohnungen bieten. Events, die Belohnungen bieten, die nicht auf die Marke einzahlen, sollten besser unbemerkt bleiben bzw. nicht stattfinden, weil sie der Marke eher schaden als nutzen. Wichtiger als Aufmerksamkeitsstärke „an sich" ist, dass alle Elemente des Events hinsichtlich der Passung mit den Markenbelohnungen so gestaltet werden, dass eine konsistente Ansprache des Konsumenten mit allen Sinnen gewährleistet ist und psychologische Mechanismen wie das Sensory Enhancement oder der Social Proof bei Events ihre volle Wirkung entfalten können.

Literatur

Bischof, Norbert: Untersuchungen zur Systemanalyse der sozialen Motivation I: Die Regulation der sozialen Distanz – Von der Feldtheorie zur Systemtheorie [On the regulation of social distance – from field theory to systems theory]. Zeitschrift für Psychologie 1993, 201, S. 5 – 43.

Bischof, Roland: Event Marketing: Emotionale Erlebniswelten schaffen – Zielgruppen nachhaltig binden. Berlin 2008.

Cialdini, Robert B.: Die Psychologie des Überzeugens. Bern 2007.

Damásio, António R.: Descartes' Irrtum – Fühlen, Denken und das menschliche Gehirn. München 1994.

Kahneman, Daniel: Maps of bounded rationality: A perspective on intuitive judgment and choice. Nobel Prize Lecture, Stockholm, December 8, 2002. http://nobelprize.org/nobel_prizes/economics/laureates/2002/kahneman-lecture.html

Scheier, Christian/Held, Dirk: Wie Werbung wirkt. Erkenntnisse des Neuromarketing. München 2006.

Wilson, Edward O.: On Human Nature. Cambridge (Mass.). Harvard University Press 2004.

15 Die sieben Gesetze für erfolgreiche Markeninszenierung im Raum

Von Holger Pütting, NEST one GmbH

Holger Pütting (34) ist Geschäftsführer & Gesellschafter von NEST one, der Agentur für Markenerlebnisarchitektur. Nach dem Studium der Betriebswirtschaftslehre gründete er NEST one im Jahr 2000, damals noch unter dem Namen eventlabs. Seitdem verantwortet er zahlreiche nationale wie internationale Markenerlebnisse für Kunden wie adidas, die TUI, Mercedez-Benz, Volkswagen, oder das ZDF. Seine Arbeit wurde mit Auszeichnungen vom ADC-Award bis zum IF-Communication Design Award prämiert. NEST one ist an den Standorten Hamburg, Berlin vertreten und Mitglied im Ledavi Network.

Die seit mehreren Jahren in der Gesellschaft und auf den Märkten stattfindenden Veränderungsprozesse zwingen viele Unternehmen, kommunikationspolitisch umzudenken. Zentrale Herausforderungen tangieren kommunikative (Informationsflut, sinkendes Involvement), gesellschaftsspezifische (Wertewandel hin zu mehr Individualität, Freizeit-, Erlebnis- und Genussorientierung), marktbezogene (Marktsättigung, austauschbare Produkte, hybrides Käuferverhalten) sowie in einigen Fällen auch gesetzliche Rahmenbedingungen (Tabakwerbeverbot, Nichtrauchergesetz). Die wachsende Kommunikationsflut und Markenvielfalt senken das Informationsinteresse der Konsumenten in zunehmendem Maße (vgl. Esch 2007, S. 29). Derzeit werden alleine in Deutschland über 50.000 Marken aktiv beworben, und jedes Jahr kommen 26.000 neue Produkte hinzu (vgl. Scheier 2007, S. 92).

Darüber hinaus müssen in einer sich wandelnden Gesellschaft, in der Begriffe wie Freizeitorientierung, Erlebniskonsum und Individualisierung zum neuen Vokabular gehören, moderne Wege beschritten werden, damit Menschen Marken und ihre Botschaften verinnerlichen.

Stellt man diese moderne gesamtgesellschaftliche Entwicklung den gleichbleibenden Hirnfunktionen eines Menschen gegenüber, so stellt man fest, dass unser Gehirn in jeder Sekunde von den fünf Sinnen mit elf Millionen Bit Informationen versorgt wird, zeitgleich ist es aber nur in der Lage 40 Bit bewusst zu verarbeiten (vgl. Scheier 2006 a, S. 47). Nach dieser Auffassung ist das Bewusstsein (explizites System) lediglich das Ergebnis des im Unterbewusstsein (implizites System) stattfindenden Selektionsprozesses von Informationen (vgl. Häusel 2004, S. 84). Denken verbraucht viel Energie und ist für das Gehirn sozusagen sehr anstrengend. Um Energie zu sparen, „versucht" das Gehirn, möglichst viele Prozesse zu automatisieren, so dass das implizite System lediglich fünf Prozent der gesamten Energieressourcen in Anspruch nimmt (vgl. Häusel 2004, S. 82 f.).

An dieser Stelle kommen laut der Hirnforschung die Emotionen ins Spiel. Emotionen sind gewissermaßen der Filter, den alle Reize durchlaufen und der Wichtiges von Unwichtigem trennt. Emotionen ermöglichen uns erst, die Vielzahl an Entscheidungen zu treffen, mit denen wir tagtäglich konfrontiert werden. Ohne sie wäre unser Gehirn hoffnungslos überfordert. So werden auch Kaufentscheidungen, laut der Hirnforschung, weitestgehend emotional getroffen – d. h. der rational und bewusst handelnde Konsument ist eine Illusion (vgl. Gestmann 2005, S. 20; Häusel 2004, S. 65).

Die beschriebenen gesellschaftlichen Rahmenbedingungen machen sehr deutlich, dass Unternehmen nur dann langfristig existieren können, wenn es ihnen gelingt, wirkungsvoll Kunden anzusprechen und eine beständige, treue Verbindung zu ihnen aufzubauen. Neurowissenschaftliche Erkenntnisse zeigen, dass eine Möglichkeit der besseren Kundengewinnung im Aufbau von emotionalen Produktwelten liegt, die eine tiefe Bindungen zum Kunden ermöglichen (vgl. Gobé 2001, S. 68). Gleiches gilt für die Forschungsergebnisse der Psychologie, die die Signifikanz der menschlichen Emotionen und Gefühle hervorheben und ebenfalls Unternehmen darin bestärken, ihr Produktportfolio zu emotionalisieren.

Einer der ersten Wissenschaftler, der die enorme Bedeutung der Intelligenz der Gefühle/Emotionen entdeckt hat, ist der bekannte amerikanische Neurobiologe Antonio Damasio. Er ging bereits Mitte der 1990er Jahre in theoretischen Überlegungen davon aus, dass Entscheidungen stark von emotionalen Einflüssen geprägt sind. Wenige Jahre später verdeutlichten Untersuchungen u. a. in Form von Verhaltensbeobachtungen bei Hirnverletzten, dass Menschen ohne Rückgriff auf ihre Emotionen entscheidungsunfähig sind. Das heißt, Emotionen hindern Entscheidungsprozesse nicht, sondern im Gegenteil, ohne sie können Entscheidungen nicht getroffen werden (vgl. Kast: 2006, S. 5). Damit begründete Damasio eine Art emotionale Wende.

Entscheidungen basieren also erheblich auf explizit wie auch auf implizit hervorgerufenen Emotionen. Für die Markenkommunikation ist in diesen Zusammenhang das implizite System (wie bereits dargelegt) von besonderer Bedeutung; zum einen wegen der begrenzten Kapazität des expliziten Systems und zum anderen, weil bis zu 95 % des Kaufverhaltens durch das implizite System gesteuert werden (vgl. Scheier 2007, S. 95). Das heißt, circa 95 % der Entscheidungen werden unbewusst getroffen.

In diesen Zusammenhang spricht man in der Hirnforschung vom Autopiloten und Piloten: Mit der bereits dargelegten Informationsverarbeitungskapazität von elf Millionen Bit pro Sekunde ist der Autopilot hoch effizient, weitestgehend unbewusst und wesentlich schneller als der Pilot, der mit einer begrenzten Aufnahmeleistung das Nachdenken, die Planungsprozesse, Logik und das gesamte bewusste Verhalten auf sich vereint (vgl. Scheier 2007, S. 94). Zum Autopiloten gehören die Sinneswahrnehmung, Lernvorgänge, Emotionen und Automatismen (vgl. Scheier 2006 b, S. 77). Darüber hinaus ist der Autopilot für die gesamte non-verbale Kommunikation und die Entstehung der Wirkung von starken Marken zuständig (vgl. Scheier 2006 c, S. 43).

Auch diese Ergebnisse zeigen, dass der Erfolg der Kommunikation wesentlich von der Fähigkeit abhängt, Marken mit emotionalen Erlebnisinhalten zu verbinden (vgl. Kroeber-Riel/Esch 2004, S. 34). Gleichwohl ist es aufgrund der Zusammenarbeit des Piloten und Autopiloten erforderlich, im Rahmen der Markeninszenierung darauf zu achten, beide Systeme anzusprechen. Das bedeutet, idealerweise parallel zu emotionalen Gründen, auch rationale Argumente für eine Marke herauszustellen.

Darüber hinaus bestätigen Studien der insgesamt weltweit fünfzig Forschungsgruppen zum Thema Neuromarketing, dass emotionale Markenwerbung eine starke Aktivierung in emotionsassoziierten Regionen des Gehirns hervorruft (vgl. Veigel 2006, S. 40). Das heißt, dass die Wahrnehmung, der Abruf von Erinnerungen sowie Emotionen und Handlungsabsichten die Erinnerungsleistung maßgeblich beeinflussen oder anders ausgedrückt: Das Hervorrufen von Gefühlen im Konsumenten ermöglicht eine bessere Speicherung von Markeninformationen im Gedächtnis (vgl. Veigel 2006, S. 40). So kann auch in diesen Zusammenhang die Vermittlung von Emotionen als zentraler Erfolgsfaktor für den Absatz von Markenprodukten angesehen werden. Dabei spielt das direkte Erleben eine entscheidende Rolle. Dies ermöglicht sowohl eine interaktive als auch facettenreiche Auseinandersetzung mit der Marke bzw. dem Markenprodukt und führt durch die direkte Beteiligung zu einer besseren Erinnerungsleistung.

Zudem zeichnet sich der ökonomische Erfolg von Kommunikationsmaßnahmen insbesondere durch die Prozesse der Informationsaufnahme, -verarbeitung und -speicherung aus.

Demnach wirken Signale wesentlich stärker, wenn sie über mehrere Sinne wahrgenommen werden und erhöhen so die Wahrscheinlichkeit des Wiedererkennens und damit auch der Markentreue. Neurologische Untersuchungen ergaben, dass das menschliche Gehirn in erster Linie multisensorisch ausgerichtet ist (vgl. Lindstrom 2007, S. 159). Demnach nimmt der Autopilot die fünf Sinne aus unterschiedlichen Eingängen auf und das Gehirn verarbeitet die Signale in einem ersten Durchlauf sehr oberflächlich in weit voneinander entfernten Gehirnarealen. Entgegen altem Verständnis werden die Sinne nach der ersten groben Verarbeitung implizit wieder zusammengeführt und beeinflussen sich fortan gegenseitig. Es gibt Sinnpaare, die mehr miteinander verknüpft sind als andere. So wirken verstärkt der Geschmacks- und Geruchssinn aufeinander ein sowie der Gehör-, Seh- und Tastsinn (vgl. Lindstrom 2007, S. 167). Fösken (2006, S. 73) konnte zeigen, dass bei der Markeninszenierung über zwei bis drei Sinne die Markenloyalität von 28 % auf 43 % anstieg. Wurde die Marke jedoch über vier bis fünf Sinne inszeniert, so stieg die durchschnittliche Treue zur Marke sogar auf 58 %. Auch die Erkenntnisse der Gehirnforschung zeigten, dass sich die Wahrnehmungskanäle gegenseitig beeinflussen und über mehrere Sinne zeitgleich wahrgenommene Informationen vom Gehirn verstärkt werden und eine bessere Gedächtnisleistung erzielen. Marken sollen wiedererkannt werden und emotionale Erinnerungen herbeiführen. Der Weg zu diesem Ziel führt daher unweigerlich an der Stimulierung der fünf Sinne vorbei (vgl. Gobé 2001, S. 69). Wenn die Kundenansprache multisensual erfolgt, kommt es zu einem Verstärkereffekt im Gehirn. Nervenzellen sorgen dafür, dass ein Ereignis (z. B. ein

Event) bis zu zehnmal stärker erlebt wird, als dass es durch die Summe der einzelnen Sinneseindrücke der Fall sein könnte (vgl. Scheier/Held 2006, S. 82).

Neben der Wichtigkeit multisensorischer Reize weisen aktuelle Befunde der Gehirnforscher zudem darauf hin, dass das Gehirn sämtliche Informationen in Musterfolgen, also in Geschichten, organisiert (vgl. Fuchs 2007, S. 128). Es wird angenommen, dass bereits 100 Schritte bzw. Geschichten ausreichen, um ein Verhaltensmuster für eine Problemlösung zu erschaffen. Anders gesagt, werden keine Abbilder von Vorgängen oder Objekten gespeichert, sondern immer wiederkehrende Strukturen. Und weil neuronale Netzwerkmuster das Verhalten prägen, gewinnt das „Story Telling", wie es in der Marketingpraxis heißt, an Bedeutung. Sie eignen sich vortrefflich als Bedeutungsträger gerade auf Events, weil sie dort live mit allen erdenkbaren Inszenierungsmöglichkeiten kommuniziert werden können, also besondere Strahlkraft besitzen. Unbewusst in den Kontext eingehüllt, betonen sie den emotionalen Mehrwert einer Marke sowie darüber hinaus auch eine gewisse Spiritualität in Form einer Markensinnstruktur.

Die gleiche besondere Symbolkraft besitzen nicht nur Stories, sondern auch Personen, Gesten, Handlungsorte oder Rituale. Symbole und Rituale (in der Kommunikationspolitik, speziell beim Eventmarketing) einzusetzen, hat zwei ausschlaggebende Vorteile: Erstens transportieren sie Botschaften sehr schnell und zweitens lösen sie unmittelbar Verhalten aus (vgl. Scheier/Held 2006, S. 77). Zudem haben Rituale (ähnlich wie Marken) eine Entlastungsfunktion für unser Gehirn: Rituale bieten Orientierung und Vereinfachung im Lebensalltag und Sicherheit für das Verhalten.

Auch die Übertragung von Gefühlen in Gruppen ist an dieser Stelle noch zu erwähnen. Eine Menschenmasse verhält sich anders als eine Summe von einzelnen Individuen. Der entscheidende Unterschied liegt in der Synchronisation der Masse durch einen gemeinsam erlebten Gefühlszustand (vgl. Domning/Elger/Rasel 2009, S. 88). Gefühle sind ansteckend und können sogar durch Lieder, Singen oder Hymnen gefördert werden. Aus neurowissenschaftlicher Sicht haben solche Aktivitäten sogar eine stärkere Wirkung auf die Erinnerung (vgl. Domning/Elger/Rasel 2009, S. 89). Verantwortlich für diese Übertragung sind die Spiegelneuronen. „Spiegelneuronen werden auch Simulations- oder Empathieneuronen genannt, und sind Nervenzellen, die im Gehirn während der Betrachtung eines Vorgangs die gleichen Potenziale auslösen, wie sie entstünden, wenn dieser Vorgang nicht bloß passiv beobachtet, sondern aktiv ausgeführt würde. Spiegelneuronen bilden im Gehirn des zuschauenden oder beteiligten Menschen nicht nur Handlungen nach, sondern auch Empfindungen und Gefühle. Es sind also Gesamteindrücke, die man von anderen Menschen gewinnt, und Emotionen, Motivationen, Handlungsstrategien etc. von Menschen, mit denen man intensiv zu tun hat, hinterlassen so eine Art inneres Bild" (Lexikon für Psychologie 2011). Entscheidend ist in diesen Zusammenhang, dass die Bedeutung eines Ereignisses mit der Zahl der Teilnehmer wächst, denn Stimmungen anderer wirken sich durch die Synchronisation indirekt auf uns und unsere Urteile aus (vgl. Domning/ Elger/Rasel 2009, S. 88).

Die 7 Gesetze für Marke im Raum

Beim unmittelbaren Erleben einer Marke im Raum wirken wie bei keiner anderen Kommunikationsdisziplin eine Vielzahl der genannten Verstärkermechanismen zusammen.

Um die Kraft des Raumes voll auszuschöpfen haben wir auf der Basis von Neuromarketing-Erkenntnissen sieben Gesetze entwickelt, die wir in unserer täglichen Arbeit mit Marken und zur Überprüfung unserer Konzepte und Strategien nutzen.

1. Die Kraft des Erlebens:
Mitten drin statt nur dabei

Wie bereits beschrieben, ist der Grad an Emotionalität um ein Vielfaches höher, wenn der Mensch selbst unmittelbar beteiligt ist, als wenn er nur medial wahrnimmt.

Ein Event ist aus Sicht der Hirnforschung ein außergewöhnliches Ereignis, bei dem die Emotionalität besonders hoch ist und das damit zu einer intensiven, bleibenden Erinnerung führt, die nachhaltig mit einem kognitiven Inhalt verknüpft wird (Domning/Elger/Rasel 2009, S. 54). Es geht um das Hervorrufen von Gefühlen im Konsumenten, die zu einer besseren Speicherung von Markeninformationen im Gedächtnis führt. Die interaktive und facettenreiche Auseinandersetzung mit der Marke führt zu einer besseren Erinnerungsleistung bedingt durch die direkte Beteiligung.

2. Die Kraft der fünf Sinne:
Multisensorische Reize wirken 10 mal stärker

Wie bereits beschrieben, ergaben die Ergebnisse der Hirnforschung, dass eine multisensual erfolgte Kundenansprache zu einem Verstärkereffekt im Gehirn führt. Nervenzellen sorgen dafür, dass ein Ereignis (z. B. ein Event) bis zu zehnmal stärker erlebt wird, als dass es durch die Summe der einzelnen Sinneseindrücke der Fall sein könnte. Marke im Raum bietet natürlich die besten Voraussetzungen, um eine Marke mit mehreren Sinnen zu erleben.

Aus Neuromarketing-Sicht sprechen wir hierbei von dem sogenannten neuronalen Verstärker-Effekt oder dem Emotional Boosting: Wenn die gleiche Botschaft zeitgleich über unterschiedliche Wahrnehmungskanäle in unser Gehirn dringt, ist der Effekt zehn mal stärker. Allerdings tritt dieser Verstärkungseffekt nur ein, wenn die Signale ein widerspruchfreies Gesamtbild ergeben. Das heißt, wenn das, was man sieht, nicht im Widerspruch zu dem steht, was gehört, gerochen oder gefühlt wird. Es ist übrigens ein Trugschluss, dass Multisensorik immer bedeutet, alle Sinne zeitgleich anzusprechen. Es geht lediglich darum, über mehrere Kanäle zeitgleich unterschiedliche Signale zu senden, die auf gleiche Weise decodiert werden.

3. Die Kraft des Mythos:
Die Story ist das Medium des Mythos

Wie dargelegt, weisen aktuelle Befunde der Hirnforschung darauf hin, dass insbesondere neuronale Netzwerkmuster das Verhalten prägen. Storytelling ist eines der ältesten Kommunikationsmedien. Von Generation zu Generation wurde das Wissen auf diese Weise vermittelt. Durch Geschichten wird das transportierte Wissen nicht nur gehört, sondern auch erlebt und dadurch viel eher verstanden und erinnert. Es geht um die Vermittlung von implizitem Wissen, der Hörer wird in die Geschichte eingebunden und erlebt diese.

4. Die Kraft der Gruppe:
Gefühle sind ansteckend

Ein wichtiger Faktor, der beim klassischen Marketing fehlt, ist die Übertragung von Emotionen innerhalb einer Gruppe.

Eine Menschenmasse verhält sich anders als eine Summe von Individuen. Die Bedeutung eines Ereignisses wächst mit der Zahl der Teilnehmer, denn Stimmungen Anderer wirken sich indirekt auf uns und unsere Urteile aus, Gruppen von Menschen synchronisieren ihren Gefühlszustand. Herausforderung ist es, die Dynamik von Gruppen und Übertragung von Emotionen gezielt zu nutzen.

5. Die Kraft der Persönlichkeit:
Die Marke wird Mensch

Bei Markenerlebnissen im Raum haben wir es mit „echten" Menschen zu tun, die die Marke repräsentieren. Die Marke tritt einem sozusagen als Mensch gegenüber. Wie bereits dargelegt transportieren Menschen Botschaften sehr schnell und lösen zudem unmittelbar Verhalten aus. Dies ist ein oft unterschätzter Faktor, obwohl wir wissen, wie schnell ein perfektes Erlebnis zunichte gemacht wird. Wenn wir uns beispielsweise über einen Fehler des Personals auf einer Veranstaltung ärgern, überwiegt diese negative Erfahrung die positiven und bleibt uns sogar stärker in Erinnerung.

Man kann andere nur entflammen, wenn in einem selbst ein Feuer brennt.

6. Die Kraft des Rituals:
Das Gehirn ist ein Gewohnheitstier

Als Rituale werden Handlungen definiert, die Verbraucher von einem emotionalen Zustand in den nächsten bringen (vgl. Domning/Elger/ Rasel 2009, S. 96).

Wie bereits ausgeführt, haben Rituale, ähnlich wie Marken, eine Entlastungsfunktion für unser Gehirn: Rituale bieten Orientierung und Vereinfachung im Lebensalltag und Sicherheit für das Verhalten. Rituale erleben eine Renaissance: Große Freiheit vergrößert den Wunsch nach Orientierung und große Auswahl den nach Vereinfachung.

Gewohnheit ist hier durchaus positiv zu interpretieren, denn wenn Marken auch den Autopiloten des Menschen ansprechen, gehören sie wie selbstverständlich zum Charakter.

7. Die Kraft der Überraschung: Auf den Unterschied kommt es an

Um Aufmerksamkeit zu schaffen, kommt es auf die richtige Mischung aus häufigen und seltenen Reizen an. Ungewöhnliche und sehr seltene Reize führen zu maximaler Erregung und damit zu einer sehr guten Gedächtnisbildung. Wichtige Ereignisse müssen in einer richtigen zeitlichen Reihenfolge zu starken Reizen platziert werden: Kurz nach einem starken Reiz ist unser Gehirn zunächst so sehr damit beschäftig, diesen zu verarbeiten, dass es sich nichts von dem merkt, was direkt danach geschieht.

Literatur

Bauer, Hans H./Mäder, Ralf/Wagner, Sandra-Nadine: Übereinstimmung von Marken- und Konsumentenpersönlichkeit als Determinante des Kaufverhaltens – Eine Metaanalyse der Selbstkongruenzforschung. In: Zeitschrift für betriebswirtschaftliche Forschung, Jahrgang 58, 11/2006, S. 838 – 863.

Domning, Marc/Christian E. Elger/André Rasel: Neurokommunikation im Eventmarketing. Wie die Wirkung von Events neurowissenschaftlich planbar wird. Wiesbaden 2009.

Esch, Franz-Rudolf: Strategie und Technik der Markenführung. Gießen 2007.

Fösken, Sandra: Im Reich der Sinne. In: Absatzwirtschaft 2006, S. 72 – 76.

Fuchs, Werner: Storytelling – Wie hirngerechte Marketing-Geschichten aussehen. In: Häusel, Hans-Georg (Hrsg.): Neuromarketing – Erkenntnisse der Hirnforschung für Markenführung, Werbung und Verkauf, S. 128 – 132, Planegg/München 2007.

Gestmann, Michael: Auf der Suche nach dem Kaufknopf. In: Profirma 10/2005, S. 14 – 24.

Gobé, Marc: emotional branding – the new paradigm for connecting brands to people. New York 2001.

Häusel, Hans-Georg: Brain Script – Warum Kunden kaufen. München 2004.

Kast, Bas: Ich fühle, also bin ich. In: Die Zeit, Februar 2006, http://www.zeit.de/zeit-wissen/2006/02/Gefuehle_Titel, (Zugriff am 05. März 2011).

Kroeber-Riel, Werner/Weinberg, Peter: Konsumentenverhalten. Saarbrücken 2004.

Lexikon der Psychologie: Suchbegriff: Spiegelneuronen, http://lexikon.stangl.eu/, (Zugriff am 05. März 2011).

Lindstrom, Martin: Making Sense – Die Macht des multisensorischen Brandings. In: Häusel, Hans-Georg (Hrsg.): Neuromarketing – Erkenntnisse der Hirnforschung für Markenführung, Werbung und Verkauf, S. 159 –167. Planegg/München 2007.

Scheier, Christian: Die Neurologik erfolgreicher Markenkommunikation. In: Häusel, Hans-Georg (Hrsg.): Neuromarketing – Erkenntnisse der Hirnforschung für Markenführung, Werbung und Verkauf, S. 87 –124. Planegg/München 2007

Scheier, Christian: Wie Werbung wirkt – Erkenntnisse des Neuromarketings. München 2006 a.

Scheier, Christian: Der Autopilot im Kopf. In: Markenartikel 9/2006 b, S. 76-79.

Scheier, Christian: Das Unbewusste messbar machen. In: Absatzwirtschaft, 10/2006 c, S. 42 – 45.

Scheier, Christian und Held, Dirk: Wie Werbung wirkt – Erkenntnisse des Neuromarketings. Planegg/München 2006.

Veigel, Uli: Markenwahrnehmung im Gehirn. In: Absatzwirtschaft, 12/2006, S. 40.

Über NEST one

NEST one, die Agentur für Markenerlebnisarchitektur, denkt und inszeniert Marken dreidimensional – von der Strategie über den Entwurf bis zur Umsetzung. Das unmittelbare und interaktive Erleben einer Marke mit allen Sinnen steht dabei stets im Mittelpunkt. Strategen, Architekten und Designer arbeiten Hand in Hand mit dem Ziel, starke emotionale Erlebnisse zu kreieren und so langfristige Beziehungen zwischen Menschen und Marken aufzubauen. Hierfür entwickelt NEST one seit über 10 Jahren markenindividuelle und teils auch neuartige Formate.

Zum Kernteam der Hamburger Agentur um Gründer und Geschäftsführer Holger Pütting zählen zurzeit 25 festangestellte Mitarbeiter – Architekten, 2D- und 3D-Designer, Markenstrategen, Konzepter und Trendforscher – in den drei Kompetenzbereichen Brand Experience Design, Brand Consulting und Account Management. NEST one ist Mitglied im Ledavi Network für emotional Brandbuilding.

Zu den aktuellen Kunden von NEST one zählen unter anderen Mercedes-Benz, TUI und das ZDF.

Kontakt

Holger Pütting
NEST one GmbH
Markenerlebnisarchitektur
Mittelweg 22
20148 Hamburg
T +49 (0) 40.822 233-436
F +49 (0) 40.822 233-425
M +49 (0) 160.719 0990

www.nest-one.com

16 „balancity" – der Deutsche Pavillon auf der EXPO in Shanghai 2010

Die Qualität des Erlebnisses ist entscheidend

Von Peter Redlin, Milla & Partner

Peter Redlin, Jahrgang 1958, ist Kreativdirektor und Geschäftsführer von Milla & Partner, Stuttgart. Als Kreativdirektor war er verantwortlich für die Ausstellungs- und Mediengestaltung im Deutschen Pavillon „balancity" auf der EXPO 2010 in Shanghai, einschließlich der interaktiven Kugel-Show, die weltweit Schlagzeilen machte. Er studierte Grafik-Design an der Staatlichen Akademie der Bildenden Künste Stuttgart. Seit 1989 ist er Geschäftsführer und Mitinhaber von Milla & Partner. Gemeinsam mit seinem Partner Johannes Milla und 45 Mitarbeitern gestaltet Peter Redlin multimediale Räume, Medienarchitektur, Erlebnisse, Szenografie für Marken, Unternehmen und die öffentliche Hand. Drei- und vierdimensionale Kommunikation, die sinnlich, sinnvoll, aktivierend ist. Er ist Zeichner und Lichtbildner und verfolgt Projekte über die Konzeption hinaus – selbst Hand anlegend – bis ins detailreiche Artwork.

Teil 1: Konzept und Dramaturgie von „balancity"

Die Aufgabe

Ein Nationenpavillon auf der EXPO ist wie ein Schaufenster für die Welt. Ziel der deutschen Beteiligung an der EXPO 2010 Shanghai war es, das Ansehen der Bundesrepublik Deutschland als starke Wirtschaftsnation und sympathisches Reiseland nachhaltig zu stärken. Kulturelle Beiträge sollten ebenso eine Plattform erhalten wie Projekte aus Forschung und Industrie.

Die Verantwortung für den Deutschen Pavillon lag beim Bundesministerium für Wirtschaft und Technologie. Das Ministerium hat die Koelnmesse International mit der Vorbereitung und dem Betrieb von „balancity" beauftragt. Realisiert wurde der Deutsche Pavillon von der Arbeitsgemeinschaft Deutscher Pavillon Shanghai (ARGE), bestehend aus den Firmen Schmidhuber + Kaindl, Milla & Partner sowie NÜSSLI (Deutschland). Hierbei verantwortete das Büro Schmidhuber + Kaindl Architektur und Generalplanung, Milla & Partner übernahmen die

Ausstellungs- und Mediengestaltung, NÜSSLI (Deutschland) war mit der Ausführung und dem Projektmanagement betraut.

Als Ausstellungsmacher im Rahmen der ARGE war es unsere Aufgabe, die Pavillon-Themen so zu wählen und zu präsentieren, dass die überwiegend asiatischen Besucher einen umfassenden Überblick über Technologien, Wirtschaft und Kultur aus Deutschland erhalten. Sowohl die Themen selbst als auch die Art und Weise ihrer Präsentation sollten den hohen technologischen Entwicklungsstand deutlich machen und auf die zivilisatorischen Errungenschaften unserer Gesellschaft hinweisen. Innovationsfreude, Kreativität und Lebensart des deutschen Volkes sollten spürbar werden. Zugleich galt es, das EXPO-Thema „Better City, Better Life" in die Gesamtinszenierung einzuarbeiten, und zwar mit hohem Erlebniswert.

Dabei machten wir es uns zur Aufgabe, dem allgemeinen Besucherkreis wie auch den Fachbesuchern viel Freiheit bei der Wahl von Themen und Präsentationsformen zu geben. Der Pavillon sollte die Besucher zum Betrachten und Verweilen inspirieren, die Ausstellung ansprechend, offen, informativ und interaktiv gestaltet sein.

Das Konzept

Der Kerngedanke: „balancity" – Vielfalt und Gleichgewicht

Die Bundesrepublik präsentiert sich als vielseitige, ideenreiche Nation, als ein innovatives und zukunftsorientiertes Land, das gleichzeitig großen Wert darauf legt, Wurzeln zu erhalten und Traditionen zu bewahren. Wichtig für die Stadt von morgen sind Vielfalt und Gleichgewicht – nicht Gleichheit. Erst durch deren Zusammenspiel entstehen ihre besondere Lebensqualität und Lebensenergie. Darum gilt es, diese Vielschichtigkeit zu bewahren – ohne dabei auf Innovation und Technik zu verzichten.

Der deutsche Beitrag zum Thema der EXPO 2010 „Better City, Better Life" lautet daher: balancity – eine Stadt in Balance zwischen Erneuern und Bewahren, zwischen Innovation und Tradition, zwischen Urbanität und Natur, zwischen Gemeinschaft und Individuum, zwischen Arbeit und Freizeit, zwischen Globalisierung und nationaler Identität.

16 „balancity" – der Deutsche Pavillon auf der EXPO in Shanghai

Dieser Kerngedanke ist überall im Deutschen Pavillon zu finden und für den Besucher erlebbar. Das Kunstwort aus „Balance" und „City" greift das EXPO-Thema „Better City, Better Life" auf.

Spiel zwischen Innen und Außen

Die Architektur des Pavillons gliedert sich in zwei Grundelemente: Ein begrünter Baukörper als Terrassenlandschaft und vier große, scheinbar darüber schwebende Ausstellungskörper – Sinnbild für das Spiel der Kräfte aus Tragen und Belasten, Anlehnen und Stützen. Für sich allein betrachtet wirkt jeder Körper instabil, erst im Zusammenspiel entsteht ein stabiles Gleichgewicht. So ist schon die Architektur Ausdruck der Idee von „balancity".

Polygonale Figuren und ausragende Gebäudekörper formen Räume und Landschaften, die sich mit den Innenräumen verschränken. Die Ausstellungskörper, bespannt mit einer transluzenten Textilhaut, bilden ein großes Dach über der Landschaft, durch die sich die Besucher auf den Weg in die Innenräume machen. Die Baukörper spenden Schatten und schützen vor Regen. Es entsteht ein spannungsvoller Wechsel von Innen- und Außenraum, von Licht und Schatten. Die Architektur macht erfahrbar, wie Urbanität und Natur in ausbalancierten Szenarien zusammenfinden und nachhaltige, energieeffiziente Lebenskonzepte in städtische Räume integriert werden können.

Die Formensprache der Gebäudearchitektur wird im Inneren aufgegriffen. Themen und Inhalte sind in polygonale Strukturen integriert und werden auf diese Weise organischer Teil der Stadtstruktur. So vereint „balancity" eine Vielzahl von zukunftsweisenden Ideen und Lösungen „Made in Germany": Nachhaltige Energiegewinnung und Mobilitätslösungen, intelligente Konzepte für Verkehrs- und Stadtplanung oder Ideen für das zukünftige Zusammenleben in der Stadt.

Dramaturgie der Reise durch die Stadt der Ideen

Der Besucher von „balancity" begibt sich auf die Reise durch eine Stadt der Ideen. Er bewegt sich wie in einer realen Stadt – zu Fuß, auf Rollbändern oder über Rolltreppen – durch unterschiedlich inszenierte Stadträume voller Projekte und Ideen für ein besseres Leben in einer besseren Stadt: Angefangen beim Hafen geht es durch Garten und

Park, ein Stadtplanungsbüro und eine Fabrik, vorbei am Depot, dem Atelier und dem Stadtplatz bis in die Energiezentrale, das Kraftwerk der Stadt.

Szenografisch betrachtet durchquert der Besucher bei seinem Gang durch „balancity" einen Stadtkosmos aus zwölf äußerst unterschiedlichen Stadtquartieren. Jedes Viertel überrascht durch eine eigene Anmutung und Farbkomposition: Analoge gemalte Szenerien im Garten gegenüber unbeschriebenen Papierwänden im Planungsbüro, warmes Holz in einer Wunderkammer voller Designprodukte (Depot) gegenüber einem textilen Himmel grün-sinnlich fließender Landschaftslinien (Park). Tageshelle folgt auf theatralisches Licht, bewegte Räume (Fabrik) folgen auf statische (Depot). Im einen Raum sind avantgardistische Klangcollagen zu hören, im anderen spielen Streicher im Konzert mit einer Produktionspneumatik. Komponiert sind auch die verschieden Aufenthaltsqualitäten: Stehen, Gehen, Sitzen – automatisches Fahren – wieder Sitzen. Vereinzelung wie in den Schauglocken des Parks kontrastiert mit Gruppenerlebnissen, etwa auf dem Stadtplatz. Der Pulsschlag des Erlebnisses erhöht sich stetig und strebt am Ende dem großen, gemeinschaftlichen Schlusserlebnis in der Energiezentrale entgegen.

Freiheit und Aktivierung der Besucher

Zwei wesentliche Aspekte des Ausstellungskonzepts sind: Die Präsentationsformen aktivieren das Publikum und lassen ihm viel individuelle Freiheit. Die Besucher sollen selbst entscheiden, wie tief sie in die jeweiligen Themen einsteigen. Viele Inhalte können sie je nach Interesse interaktiv abrufen. Gleichzeitig werden sie auf spielerische Weise eingeladen, selbst am Leben in „balancity" teilzunehmen. Das gilt besonders für die Energiezentrale, das Kraftzentrum. Hier stehen die Besucher im Fokus, ihr Beitrag zählt. In der interaktiven, emotionalen Show erzeugen sie selbst die Energie, die eine Stadt zum Leben braucht. Mit Rufen und Klatschen bringen sie eine tonnenschwere Kugel – von drei Metern Durchmesser und mit mehr als 400.000 LEDs besetzt – zum Schwingen. Sie erleben, dass sie gemeinsam etwas bewegen können, erfahren, wie wichtig die Menschen für eine lebenswerte Stadt von morgen sind.

Teil 2: Die Resonanz auf „balancity" und weitere Erfahrungen von der EXPO in Shanghai

Reaktionen aus China und Deutschland: „balancity" hat das Publikum positiv überrascht

Das Konzept ist aufgegangen: Bereits nach wenigen EXPO-Wochen galt „balancity" als Highlight und beliebtester ausländischer Pavillon. Mit seiner Themenvielfalt, seinen Inhalten und Interaktionsmöglichkeiten, mit den vielen kleinen, spielerischen Details und dem großen emotionalen Erlebnis in der Energiezentrale hat „balancity" das Publikum mitgerissen, es für Deutschland eingenommen und einen dauerhaften Eindruck hinterlassen. Das haben die vielen spontanen Besucher-Reaktionen vor Ort belegt, aber auch die positive Resonanz in der asiatischen und europäischen Presse. „Interactive activities make German Pavilion popular" formulierte etwa die chinesische Nachrichtenagentur Xinhua (18.05.2010). „Während viele immer noch über die Vorzüge der deutschen Industrie sprechen, ist Deutschland längst weiter, hat schon den Wandel begonnen vom produktionsbasierten zum grünen Wirtschaftssystem" konstatierte die Redaktion von China Economy. Und die Leser der Shanghai Morning Post bedachten den Deutschen Pavillon gleich mit zwei Oscars – in der Kategorie „Interpretation des EXPO-Themas" und in der Kategorie „Vorstellung von Hightech".

Als Ausstellungsmachern ist es uns gelungen, den chinesischen Besuchern den Gedanken der Balance nahe zu bringen und dabei innovativ zu sein. Darauf weist nicht zuletzt die Auszeichnung mit dem „Golden Award" vom Bureau of Shanghai World Expo Coordination für die „beste Umsetzung des EXPO-Themas" hin. Insgesamt wurde „balancity" bis heute übrigens mit 12 Auszeichnungen bedacht, darunter verschiedene Publikumspreise, Awards für Kommunikationsdesign und innovative Interaktionen.

Es ist uns geglückt, die Besucher zu überraschen. Nicht selten hat sich ihr Deutschland-Bild verändert: Sahen sie die Bundesrepublik bisher vor allem als innovative, technologiestarke Nation, die durch ihre Gründlichkeit besticht, entdeckten sie in „balancity" auch andere Seiten – ein spielerisches und sympathisches Land, das ihnen mit Offenheit und Leichtigkeit begegnet. Zum Beispiel zeigten sich die chinesischen Besucher immer wieder überrascht von der grünen Seite Deutschlands, von Garten und Park, Komponenten, die in ihrer Vorstellung von der altbekannten Wirtschaftsnation bisher nicht vorkamen.

Aber nicht nur die chinesischen Besucher waren begeistert, auch die deutschen Besucher haben sich im Pavillon wiedergefunden. Das zeigte sich auch in der Berichterstattung der deutschen Presse. „Expo-Stern ist der Deutsche Pavillon – und dessen Botschaft lautet: Wow, was für ein Land!" war etwa in den Stuttgarter Nachrichten (28.05.2010) zu lesen. „Das Konzept Mitmachen und Anfassen ging voll auf. Vier Millionen Besucher ließen sich von der deutschen balancity, der Stadt im Gleichgewicht, begeistern", hieß es in der Tagesschau (31.10.2010). Durch die überaus positive Berichterstattung stieß der deutsche Auftritt in Shanghai zu Hause in der Bundesrepublik auf weitaus mehr Resonanz, als ursprünglich zu erwarten war.

Die EXPO als einmalige Gelegenheit für den Blick in die Welt

„Wenn ich nicht zur Welt komme, dann kommt die Welt zu mir", so mag ein großer Teil des EXPO-Publikums gedacht haben. Die meisten Besucher dürften schon aus ökonomischen Gründen nie die Gelegenheit haben, China oder Asien zu verlassen und die Welt zu bereisen. Für sie war die EXPO in Shanghai eine seltene, vielleicht sogar einmalige Gelegenheit, Menschen aus anderen Teilen der Welt kennen zu lernen, anderen Kulturen ganz nahe zu kommen und in sie einzutauchen. Entsprechend groß war ihre Neugierde. Entsprechend stark dürfte das Erlebnis in den Nationenpavillons ihr Bild vom jeweiligen Land prägen. Als Pavillon-Gestalter hatten wir also eine große Verantwortung, mit es sorgsam umzugehen galt.

Jeder Pavillon benötigt Gastgeber – nicht nur für VIPs

Den Besuchern einer EXPO liegt meist sehr viel daran, echte Menschen aus dem jeweiligen Land kennen zu lernen, sich mit ihnen fotografieren zu lassen. Das verstärkt das Gefühl, beinahe wirklich dort gewesen zu sein. Hosts und Hostessen erfüllen daher eine wichtige Gastgeberfunktion. Sie sind das Gesicht des Landes. Sind sie nicht authentisch, erleidet der gesamte Pavillon einen Glaubwürdigkeitsverlust. Sie müssen gut informiert und geschult sein, damit sie sich mit dem Pavillon identifizieren, Fragen der Besucher beantworten und diese zum Dialog einladen können. Wichtig ist, dass die Themen und Stationen auch den Hosts und Hostessen Spaß machen – und über Monate hinweg spannend genug sind. Denn dieser Funke springt auf die Besucher über.

In „balancity" haben wir an vielen Exponaten das Personal von Anfang an in die Interaktion einbezogen. Die Karaoke Station im Atelier hat beispielsweise nur mit singenden Hostessen funktioniert. Dieses Vorgehen hatte gleich zwei Vorteile: Einerseits fiel es den Mitarbeitern leichter, mit den Besuchern ins Gespräch zu kommen, weil sie eine konkrete Aufgabe und damit automatisch auch Gesprächsstoff hatten. Andererseits konnte das Personal den Besuchern im persönlichen Dialog den Zugang zu vielen Themen und Exponaten erleichtern. Denn insbesondere an komplexen interaktiven Exponaten ist die Frustrationsschwelle erfahrungsgemäß gering, wenn die Besucher niemanden um Rat fragen können.

Die Hand reichen und gleichzeitig Position beziehen

Es ist keine leichte Aufgabe, die eigene Nation auf einem anderen Kontinent einem Millionenpublikum zu präsentieren. Bevor wir als Ausstellungsgestalter begonnen haben, ein Konzept zu entwickeln, mussten wir das andere Land nicht nur sehen, sondern auch versuchen, es zu verstehen, seine Seele zu erspüren. Nur so hatten wir eine Chance, einen Bogen von Deutschland nach China zu schlagen, dem Gastland die Hand zu reichen und trotzdem Position zu beziehen.

Beeindruckt haben uns die Reaktionen auf die Stolpersteine im Atelier von „balancity". (Die Stolpersteine sind ein Projekt des Künstlers Gunter Demnig. Mit diesen Gedenktafeln soll an das Schicksal der Menschen erinnert werden, die im Nationalsozialismus ermordet, deportiert, vertrieben oder in den Suizid getrieben wurden.) Das Interesse der Besucher gerade an diesem Thema war überraschend groß. Von der politisierten chinesischen Gesellschaft konnte diese Art der Darstellung akzeptiert werden, weil sie auch für China eine Möglichkeit bietet, die eigene Vergangenheit aufzubereiten. Eine Tafel mit den

Grundrechten im Pavillon aufzustellen, wäre weitaus weniger wirksam gewesen.

Chinesische Besucher: Zukunftsorientierung und Wissensdurst

Die jungen Asiaten sind selbstbewusst. Ihr Blick ist auf China gerichtet, nicht auf Europa oder die Vereinigten Staaten. Sie empfinden die „alte Welt" als nicht ausreichend innovativ. Sie haben den Eindruck, dass in der „alten Welt" nur noch marginale Veränderungen stattfinden, die Menschen mehr in die Vergangenheit als in die Zukunft schauen. Sie selbst tragen dagegen einen gewaltigen Fortschrittsglauben in sich.

In China war das Fotografieren viele Jahrzehnte lang nur sehr eingeschränkt möglich. Vor 1980 dürften nur wenige überhaupt eine Kamera besessen haben und viele Motive waren aus politischen Gründen heikel. Es gibt also viel Nachholbedarf. Das wurde auch im Deutschen Pavillon deutlich. In allen Winkeln der Ausstellung haben die Besucher fotografiert. Manchmal mag der Eindruck entstanden sein, sie fotografierten nur und beschäftigten sich gar nicht mit den Inhalten. Aber dieser erste Eindruck täuschte. Die Besucher setzten sich sehr umfassend und intensiv mit den Texten auseinander. Sie nahmen die Inhalte nur in anderer Art und Weise auf, als wir es vielleicht erwartet hatten. Sie sind nicht übersättigt oder abgeklärt, sondern neugierig und wissensdurstig. Ihr Blick ist frisch und ungetrübt, vielleicht ein wenig wie der von Kindern oder Jugendlichen in Europa.

Qualität statt Quantität:
Viele Besucher garantieren kein nachhaltiges Erlebnis

Die starke Orientierung an den Besucherzahlen tut EXPO-Pavillons und dem Diskurs über die Sinnhaftigkeit von EXPOs insgesamt nicht gut. Was zählt ist nicht die Anzahl der Besucher, sondern die Qualität des Erlebnisses, die Art und Weise wie Botschaften vermittelt werden und wie sie in Erinnerung bleiben.

Gigantische Themenpavillons schüchtern ein und können das Publikum schnell überfordern. Das Erfassen von Themen und Erforschen von Exponaten braucht Zeit. Nur wenn Besucher verweilen, setzen sie sich mit den Inhalten intensiver auseinander, bleiben Themen und Erlebnisse ihnen nachhaltig im Gedächtnis. Es gilt „Rastplätze für die

Sinne" zu schaffen, keine „Autobahnen der Bilder". Es gilt Neugier zu wecken mit spannenden Beispielen, die einen Bezug zum Leben des Publikums haben.

Das Maß für die Szenografie ist dabei der einzelne Besucher. Was vermag er überhaupt auf- und wahrzunehmen? In welche Stimmung, in welche Art von Raum muss er versetzt werden, um sich für das Erlebnis zu öffnen?

Die EXPO im virtuellen Raum – ein Ausblick

Die Befragung im Deutschen Pavillon, durchgeführt von der Koelnmesse International, hat u. a. ergeben: Der größte Teil der Besucher wählte die Pavillons über den Internetauftritt aus. Auch waren die Besucher des Deutschen Pavillons überraschend jung und überdurchschnittlich gebildet. Daraus lässt sich ableiten: Der Internetauftritt ist höchst erfolgsrelevant, wird intensiv genutzt, und der Anspruch der User an die Qualität der virtuellen Präsentation dürfte relativ hoch sein.

Auf der EXPO der Zukunft gilt es daher, virtuelle Erlebnisse zu stärken. Da sich die „Digital Natives" mit großer Selbstverständlichkeit im Web bewegen, muss die Internetpräsenz eine ähnlich hohe Erlebnisqualität erhalten, wie die realen Pavillons. Es gilt, den Internetauftritt von Beginn an in den Konzeptionsprozess einzubeziehen, ihn als integralen Bestandteil des Projekts mitzuentwickeln. So wird es zur Aufgabe der Szenografen, den Besucher nicht nur im realen, sondern auch im digitalen Raum, in imaginären Landschaften zu „verführen". Ein entsprechend szenografisches Konzept geht natürlich weit über einen normalen Webauftritt hinaus, umfasst virtuelle Räume, Communities und soziale Netzwerke, dehnt das EXPO-Erlebnis auf die Zeit der Vorbereitung und Vorfreude sowie auf die Zeit des Rückblicks aus.

Im virtuellen Raum können überdies viel mehr Menschen einen Pavillon besuchen, werden miteinbezogen, können mitreden und geraten in inhaltliche Diskussionen. Auch die Presse, Sponsoren und andere Interessengruppen finden eine Plattform für Information und Kommunikation. So rückt ein Pavillon mit all seinen Themen überdies stärker in den Fokus der heimischen Öffentlichkeit.

Allerdings kann ein virtuelles Erlebnis, sei es noch so gut gemacht, das reale Erlebnis nie ersetzen. Austausch, persönliches Kennenlernen und direktes Erleben von Raum und Zeit prägen sich tiefer ins Gedächtnis ein als jede digitale Darbietung, hinterlassen Bilder in den Köpfen der Menschen, die noch lange nachwirken. Die physische, menschliche Begegnung, das Hineinbegeben in andere Welten ist ein Schlüssel zu interkulturellem Verständnis und Toleranz. Regionalität und Eigenarten werden hier unmittelbar erfahrbar. Die Erlebnisqualität, die eine EXPO bietet, kann von keinem anderen Ereignisformat erreicht werden.

Illustrationen

Abbildung 1: Der Deutsche Pavillon mit Warteschlange

(Quelle: Architektur: Schmidhuber + Kaindl
Ausstellung: Milla & Partner)

Abbildung 2: Die Landschaft und der Auftritt der Bundesländer

(Quelle: Architektur: Schmidhuber + Kaindl
Ausstellung: Milla & Partner)

Abbildung 3:   *Auftauchen in balancity – der Hafen*
(Quelle: Ausstellung: Milla & Partner
            Architektur: Schmidhuber + Kaindl)

Abbildung 4:   *Die „Papierlandschaft" des Planungsbüros.*
(Quelle: Ausstellung: Milla & Partner
            Architektur: Schmidhuber + Kaindl)

16 „balancity" – der Deutsche Pavillon auf der EXPO in Shanghai

Abbildung 5: Abenteuer für die Besucher – die Rutsche im Garten
(Quelle: Ausstellung: Milla & Partner
Architektur: Schmidhuber + Kaindl)

Abbildung 6: Das Depot – Wunderkammer voller Designobjekte
(Quelle: Ausstellung: Milla & Partner
Architektur: Schmidhuber + Kaindl)

Abbildung 7: *Bewegter Raum voller innovativer Technologien – die Fabrik*

(Quelle: Ausstellung: Milla & Partner
Architektur: Schmidhuber + Kaindl)

Abbildung 8: *Mit dem Kopf in das „öffentliche Grün" – der Park*

(Quelle: Ausstellung: Milla & Partner
Architektur: Schmidhuber + Kaindl)

16 „balancity" – der Deutsche Pavillon auf der EXPO in Shanghai

Abbildung 9: Singende Hostessen, staunende Chinesen
– die Karaoke-Station im Atelier

(Quelle: Ausstellung: Milla & Partner
Architektur: Schmidhuber + Kaindl)

Abbildung 10: Detail aus der „Stolperstein"-Station über
Günther Demnig

(Quelle: Ausstellung: Milla & Partner
Architektur: Schmidhuber + Kaindl)

Abbildung 11: Der Stadtplatz – ausruhen und reisen mit den Augen

(Quelle: Ausstellung: Milla & Partner
Architektur: Schmidhuber + Kaindl)

*Abbildung 12 Gemeinsam etwas bewegen
– die Kugelshow der Energiezentrale*

(Quelle: Ausstellung: Milla & Partner
Architektur: Schmidhuber + Kaindl)

Printed by Libri Plureos GmbH
in Hamburg, Germany